Die Autorin Corinna Erhard

wurde 1979 in Starnberg geboren. Nach ihrer Ausbildung zur Redakteurin
absolvierte sie ein Studium an der Hochschule für Politik in München.
Bei Stadtführungen und in ihrer Serie im Münchner Merkur beantwortet sie Fragen zur Stadt.
Auf ihr erfolgreiches erstes Buch „München in 50 Antworten" erscheint die hier
vorliegende Fortsetzung mit weiteren 50 Beiträgen.

Bibliografische Informationen der Deutschen Nationalbibliothek.
Die Deutsche Nationalbibliothek verzeichnet diese Publikation in der Deutschen Nationalbibliografie;
detaillierte bibliografische Daten sind im Internet über http://www.dnb.dnb.de abrufbar.

© 2013 by Chr. Belser Gesellschaft für Verlagsgeschäfte GmbH & Co. KG, Stuttgart
Alle Rechte vorbehalten

Diese Publikation erscheint im München Verlag
in der Chr. Belser Gesellschaft für Verlagsgeschäfte GmbH & Co.KG
www.muenchenverlag.de

Redaktion und Lektorat: Lioba Betten
Gestaltung und Satz: MABENY Kommunikation & Design GmbH & Co. KG, München
Gesamtherstellung: Print Consult, München

ISBN 978-3-7630-4002-5

Corinna Erhard

MÜNCHEN IN
50 *weiteren*
ANTWORTEN

Fotos von Sabine Schrott

MünchenVerlag

Inhalt

1. Wo verlief die Stadtmauer?
2. Seit wann gibt es in München Hausnummern?
3. Welche ist Münchens kürzeste Straße?
4. Was zeigt die Abbildung am Isartor?
5. Warum nennt man den Karlsplatz Stachus?
6. Woher hat der Odeonsplatz seinen Namen?
7. Warum ist die Residenzfassade nur gemalt?
8. Warum reibt man an den Löwen-Nasen?
9. Weshalb haben die Bäume im Hofgarten Nummern?
10. Wie entstand die Eisbach-Welle?
11. Wo steht der „Bahnhof von Athen"?
12. Wieso steht in Schwabing ein Chinesischer Turm?
13. Wie heißen die Inseln im Kleinhesseloher See?
14. Wer ist die Figur am Wedekindbrunnen?
15. Warum sind am Gebäude der Universität Einschusslöcher?
16. Wen stellen die „Vier heiligen drei Könige" dar?
17. Führt die Donnersbergerbrücke nach Donnersberg?
18. Wie wird das Haus mit der Kuppel genutzt?
19. Warum ging St. Paul in die Unglücks-Chronik ein?
20. Diente die Praterinsel als Volksfestplatz?
21. Warum ist das Hasenbergl so verrufen?
22. Was hat das Einhorn mit Sendling zu tun?
23. Ist die Lindwurmstraße nach einem Ungeheuer benannt?
24. Was macht die Sendlinger-Tor-Resl am Rathaus?
25. Was wusste der Fleckerl-Peter vom Rindermarkt?
26. Wo sind die Glocken vom Glockenbach?

27	*Warum gibt es in Harlaching ein Griechen-Viertel?*
28	*Was bedeutet die Strickliesl am Effnerplatz?*
29	*Wer bewohnt das Schloss in der Birkenleiten?*
30	*Ist die Borstei eine Elite-Siedlung?*
31	*Wo befindet sich das Märchen-Viertel?*
32	*Wieso hält Giesinger Bier nur vier Wochen?*
33	*Was sind Viktualien?*
34	*Wen „missioniert" die Bahnhofsmission?*
35	*Nimmt das Ledigenheim auch Frauen auf?*
36	*Wo kann man noch Paternoster fahren?*
37	*Spricht man den Gollierplatz französisch aus?*
38	*Wen verspotten die Münchner als „Warzenbeni"?*
39	*Warum heißen Holzfässer „Hirschen"?*
40	*Was waren Winkelschulen?*
41	*Waren Karl Valentin und Liesl Karlstadt ein Liebespaar?*
42	*Wieso spielt man den „Buchbinder Wanninger"?*
43	*Welches ist das älteste Kino?*
44	*Was ist ein Stenz?*
45	*Wer war die „Schöne Münchnerin"?*
46	*Warum durfte ein Bierbrauer in die Ruhmeshalle?*
47	*War der Märchenkönig im Volk beliebt?*
48	*Wo ruhen die Bayern-Könige?*
49	*Wer waren die Halbstarken?*
50	*Warum spielte der FC Bayern anfangs in Blau?*

Personenregister • Literatur • Bildnachweis

Wo verlief die Stadtmauer? 1

An der Jungfernturmstraße

Beim Blick auf einen aktuellen Innenstadtplan sticht ein ovaler Kringel ins Auge: der Altstadtring. Er zeigt noch deutlich den Verlauf der einstigen Stadtmauer.

Als München gegründet wird, muss es zunächst ohne Befestigungsanlage auskommen, die sie vor Angreifern hätte schützen können. Aufgrund von Zollstationen behält die Obrigkeit einen Überblick über den Aufenthalt fremder Händler und Durchreisender. Bald schon wird ein Zuständiger für den Mauerbau auserkoren, ehe 1175 ein erster Mauergürtel um die „Heinrichsstadt" gezogen wird. Diese nur 1,4 Kilometer lange Befestigungsanlage umschließt das Areal, das nach heutigen Orts- und Straßenbezeichnungen zwischen Altem Hof, Sparkassenstraße, Rosental, Färbergraben, Augustinerstraße, Schäfflerstraße und Hofgraben liegt.

Wie auch viele andere Städte in Mitteleuropa wächst München Ende des 13. Jahrhunderts explosionsartig an. Gemessen an Wirtschaftskraft und Einwohnerzahl gelangt München an die Spitze der Städte im Herzogtum Oberbayern. Die Stadt platzt aus allen Nähten. Eine Erweiterung ist notwendig. So lässt der Herzog und spätere Kaiser Ludwig der Bayer um 1300 einen zweiten, weitergefassten Mauerring errichten. Es entsteht ein System aus mehreren ineinander verschachtelten Mauern, Gräben und Bastionen mit Wehranlagen und Wassergräben.

Der Verlauf ist heute leicht nachzuvollziehen: Residenz, Neuturmstraße, Marienstraße, Isartor, Frauenstraße, Blumenstraße, Sendlinger Tor, Sonnenstraße, Karlstor, Wittelsbacher Platz, Odeonsplatz. In der

Zeit um 1500 wohnen innerhalb der vier Kilometer langen Mauer, die eine Fläche von ungefähr 180 Fußballfeldern umfasst, rund 13.000 Menschen.

In die mittelalterliche Stadt gelangen Händler, Tagelöhner und Besucher durch mächtige Haupttore – allerdings nur tagsüber. In der Nacht verriegeln Wächter das Neuhauser, Schwabinger, Isar- und Sendlinger Tor und gehen mit Lanze und Laterne ihre Runden. Für Spätheimkehrer oder nächtliche Neuankömmlinge gibt es dann noch kleinere Einlasstore, wo der Eintritt in der Regel nur gegen Bezahlung möglich ist.

Bestand hat die Stadtmauer bis Ende des 18. Jahrhunderts. Dann befiehlt Kurfürst Karl Theodor die Niederlegung der Begrenzungsanlagen. Damit München wachsen kann, hebt der Herrscher die Festungseigenschaft der Stadt auf.

Die Erweiterung verändert die Altstadt grundlegend. Plötzlich erfüllen Bollwerke mit Mauern, Wällen und Gräben keinen militärischen Zweck mehr, ihr Unterhalt ist teuer, außerdem stellen sie ein Verkehrs- und Bauhindernis dar. Geschichtsschreiber und romantische Künstler protestieren gegen die radikalen Abrissarbeiten. Aber ihre Empörung verhallt ungehört. Eine Art Denkmalpflege setzt erst unter König Ludwig I. ein. Er lässt drei Haupttore herrichten beziehungsweise wieder aufbauen.

Wie die mehrgeschossigen Türme der Haupttore ausgesehen haben, lässt sich am Isartor noch gut erkennen. Üblicherweise hatten Tortürme einen rechteckigen Grundriss und waren doppelt so breit wie tief. Über der Durchfahrt war ein Führungsschacht für ein Fallgitter angebracht, das aus etwa zehn bis 15 Zentimeter starken Holzstangen bestand.

Von der Stadtmauer selbst sind bloß wenige Bruchstücke erhalten. Italienische Touristen hätten dafür nur ein müdes Lächeln übrig. So ist beispielsweise in einem Geschäftshaus nördlich des Isartors ein Mauerstück integriert worden, das durch eine Glasscheibe von außen erkennbar ist. In einem Innenhof am Thomas-Wimmer-Ring 1 a sind weitere Teile der Zwingermauer und die Grundmauern des Prinzessturms zu sehen. An der Jungfernturmstraße in der Nähe der Salvatorkirche befindet sich der einzige oberirdisch erhaltene Rest der inneren Zwingermauer. Von der Wallanlage gibt es noch eine Bastion im Dichtergarten beim Prinz-Carl-Palais.

Fast vollständig erhalten ist das im Auftrag von König Ludwig I. rekonstruierte Isartor. Neuhauser Tor (heute Karlstor) und Sendlinger Tor wurden im 19. Jahrhundert zum Teil abgebrochen und umgestaltet. Innerhalb des Altstadtrings, wo in der einst abgeriegelten Stadt zum Schluss 40.000 Münchner zu Hause waren, wohnen heute nur noch gut 8.000 Menschen.

Seit wann gibt es in München Hausnummern?

Boten und Fremde hatten es früher schwer. Die Suche nach einem bestimmten Einwohner Münchens konnte Stunden dauern. Straßen oder Hausnummern gab es nicht. Aufgrund der einst überschaubaren Stadt innerhalb des Mauerrings war es für die Einheimischen leichter. Sie kannten die altüberlieferten Gassen- und Platzbezeichnungen, die sich zum Teil im Mittelalter eingebürgert hatten, und konnten zumindest in ihrem Viertel Gebäude, Eigentümer und Bewohner im Gedächtnis bewahren. Was hätten denn Schilder mit geschriebenen Hinweisen genutzt? Die meisten konnten ohnehin nicht lesen.

So behelfen sich die Münchner und ihre Besucher bis ins 18. Jahrhundert mit einfachen Tricks. Sie orientieren sich an farbigen Abbildungen und Hauszeichen, an Heiligen-Statuen aus Stein oder Holz, an Giebelfiguren und Vertäfelungen an Außenfassaden. Außerdem liefern Gewerbesymbole Hinweise auf die Nutzung eines Gebäudes. Zum Beispiel hängen damals Wirtsleute Eisenschilder mit einem Ochsen oder einem Weinglas über das Eingangsportal, der Schuster ziert seinen Betrieb außen mit einem Stiefel, der Schmied mit einem Hufeisen, beim Bäcker baumelt eine Brezn über der Backstubentür, beim Wagner ein Wagenrad, und der Sechsstern verweist auf eine Brauerei.

Bei Privatleuten nimmt die Adressbeschreibung komplizierte Ausmaße an. Um den Weg zu einem Haus im Hackenviertel zu weisen, heißt es damals zum Beispiel: "Haus des Josef Angermeier, hinter dem Rabenberg, an der Hundskugel neben dem Haus des Hans

Obermüller, dritte Tür rechts." Die Adresse des Hauses an der Kreuzstraße/Ecke Brunnstraße wird folgendermaßen beschrieben: "Wohnung des N.N. am oberen Kreuz, im Haus mit der Madonna im Birnbaum, über die hintere Stiege hinauf, dritte Türe rechts."

Noch zur Kurfürstenzeit schafft die Obrigkeit Abhilfe. Der Magistrat befiehlt die Hausnummerierung. Diese erfolgt im Jahr 1770 stadtviertelweise. Ab 1801 zeigen Holztafeln die jeweiligen Straßennamen an. Nach der aktuellen Regelung erfolgt die Vergabe von Hausnummern für das gesamte Stadtgebiet zentral beim Städtischen Vermessungsamt. Sobald der Rohbau eines neuen Hauses fertig ist, erteilt die Behörde einen Hausnummernbescheid.

Vor allem im Hackenviertel existieren noch einige Hauszeichen. An der Ecke Kreuzstraße/Brunnstraße finden sich in Nachbarschaft zur Madonna im Birnbaum zwei Hausmadonnen und ein etwas ramponierter heiliger Sebastian. Geläufig sind immer noch Hausnamen wie „Schäffler-Eck" beim Marienhof an der Weinstraße und "Wurmeck" am Rathaus, dessen Name sich nicht vom sagenumwobenen Lindwurm ableitet, sondern von einem früheren Eigentümer namens Wurm. Beim Sportkaufhaus an der Sendlinger Straße gibt es das „Rappeneck", und das "Roseneck" veranschaulicht ein Fresko am Gasthaus Spöckmeier.

Nicht alle kunstvollen Dekorationen dienten als Hauszeichen. So dürfte die Katze auf einem Hausdach zwischen Altem Rathaus und Petersbergl der Laune eines Hausbesitzers entsprungen sein. Er soll mit Nachnamen „Schnurr" geheißen haben. Das Segelschiff auf dem Oberpollinger-Giebel an der Neuhauser Straße geht auf hanseatische Kaufleute zurück. Es deutet auf Handelsbeziehungen zwischen München und Hamburg hin.

Welche ist Münchens kürzeste Straße? 3

Dass die in der Altstadt gelegene Papa-Schmid-Straße die kürzeste Straße Münchens ist, ist nur ein Gerücht. Sie misst 65 Meter und ist damit um 45 Meter vom Mindestrekord entfernt. Die kürzeste Straße Münchens befindet sich etwas außerhalb des Stadtkerns: die Eugen-Gura-Straße in Obermenzing.

Sie ist den meisten Münchnern unbekannt. Außer einer Handvoll Anwohner und den Postboten verschlägt es dorthin kaum jemanden. Die asphaltierte Sackgasse mit sieben Briefkästen und fünf Garagen zweigt als 20 Meter lange Stichstraße von der viel befahrenen vierspurigen Verdistraße ab. Versorgungstechnisch ist sie zentral gelegen. Ein paar Schritte von ihren Haustüren entfernt erreichen die Anlieger eine Metzgerei, eine Drogerie, einen Supermarkt und eine Tankstelle. Auch die Lage vis-à-vis der Haltestelle für den 143er-Bus Richtung Aubing und den 160er-Bus nach Allach bietet komfortable Anschlussmöglichkeiten – vorausgesetzt, das Überqueren der verkehrsreichen Verdistraße dauert nicht länger als die Busfahrt zur Aubinger Riesenburgstraße. Ampel oder Zebrastreifen – Fehlanzeige. Auch in der Nachbarschaft zur Eugen-Gura-Straße ist jede Menge los. Auf der Bezirkssportanlage Obermenzing herrscht das ganze Jahr über reger Betrieb.

Weitaus größeren Bekanntheitsgrad als diese Straße erlangte ihr Namenspatron. Als die Stadt im Jahr 1947 die Straße Eugen Gura widmet, ist dessen große Zeit

längst vorbei. Bereits Ende des 19. Jahrhunderts zählt Eugen Gura zu den bedeutendsten Wagner-Sängern. Der Mann aus Böhmen, der am Münchner Konservatorium Gesang studiert, gibt 1865 am Königlichen Hof- und Nationaltheater zu München sein Debüt. Erfahrungen sammelt er zunächst an Opernhäusern in Leipzig, Hamburg, Breslau, Wien, London und bei den Bayreuther Festspielen. 1880 kehrt der Bariton nach München zurück. Dort brilliert er unter anderem als Darsteller des Schusterpoeten Hans Sachs, den Richard Wagner in seiner Oper „Die Meistersinger von Nürnberg" für seine künstlerischen Ideale kämpfen lässt. Auch bei Richard Strauss genießt Eugen Gura hohes Ansehen: Der Komponist widmet ihm seine „Drei Lieder".

Heute erinnert nicht nur eine Straße in München an den Opernsänger, sondern auch eine Villa am Ostufer des Starnberger Sees. Dort ist Eugen Gura 1906 im Alter von 63 Jahren verstorben.

Was zeigt die Abbildung am Isartor? 4

Als Lesen- und Schreiben noch eine seltene Kunst war, setzte man auf die Aussagekraft von Bildern. Mündliche Überlieferungen mussten festgehalten, Nachrichten verbreitet und große Ereignisse öffentlichkeitswirksam unters Volk gebracht werden. Darum erzählen Gemälde im Mittelalter viele Geschichten. Später versprach man sich von der Macht der Bilder eine bestimmte Wirkung. Die Isartor-Bemalung aus dem 19. Jahrhundert sollte einem Erziehungszweck dienen. Sie ist ein monarchischer Treue-Appell an das Münchner Bürgertum.

Das 20 Meter lange und zwei Meter breite Fresko auf der Tal-Seite soll ein Ereignis aus dem 14. Jahrhundert dokumentieren. Eine aufgebrachte Menschenmenge mit erwartungsvollen Gesichtern vermittelt den Eindruck, dass es hier um einen verheißungsvollen Moment geht! Von rechts kommend folgen Kämpfer in einfachen Kitteln mit Helm und Spieß triumphierend der kaiserlichen Gefolgschaft vor ihnen. Manche dieser „Spießbürger", deren Zugehörigkeit zur Bäckerzunft ein Brezn-Wappen auf ihrer Fahne verrät, schwenken mit der Stichwaffe einen Lorbeerkranz – Symbol für Ruhm, Sieg und Frieden. Die Knechte sind Teilnehmer des Triumphzugs von Ludwig dem Bayern, der im Januar 1328 in Rom zum Kaiser gekrönt worden war. Die Malerei zeigt Ludwigs Einzug in die Residenzstadt München nach seiner siegreichen „Schlacht von Ampfing". Diese geschichtliche Entwicklung ist von großer Bedeutung: München wird Zentrum des Heiligen Römischen Reiches.

Umgeben von seinen Getreuen sticht vor blauem Hintergrund in der Mitte der ehrwürdige Herrscher hervor. Mit goldenem Umhang, Zepter, Kaiserkrone und Reichsapfel reitet er auf einem stolzierenden Schimmel, der von einem Untertanen geführt wird. Der Gefolgsmann trägt eine Flagge mit schwarzem Adler auf goldenem Grund. Davon leitet München seine Stadtfarben – Schwarz und Gelb – ab. Dem Kaiser folgen seine wichtigsten Vasallen, denen sich eine Gruppe gefangener Österreicher anschließt. Weiße und braune Pferde bäumen sich mit wehender Mähne auf den hinteren Hufen auf, Trompeter verkünden die Ankunft des neuen Kaisers, Mädchen mit Blumen knien ehrfürchtig nieder, eine Frau mit weißem Kleid und endlos langen Haaren breitet ihre Arme aus. München verneigt sich.

Ludwig selbst strahlt Ruhe aus. Sein Gesichtsausdruck ist emotionslos, den Blick richtet er aufs Volk, das ihm vom Isartor her entgegenläuft. „Da kommt er!", scheint der Vorreiter zu rufen und deutet theatralisch nach hinten. Auch sein Pferd trägt das kaiserliche Wappen auf der Brust. Offenbar kommt Ludwigs Rückkehr etwas überraschend. Obwohl der Herrscher das Isartor fast erreicht hat, sind ein paar Bürger im linken Bildrand gerade noch damit beschäftigt, den Eingang mit einer Blumengirlande zu verzieren. Die Stadt soll sich von ihrer schönsten Seite zeigen. Schaulustige, die vielleicht zufällig den Tumult mitbekommen haben, luren neugierig über die Turmzinnen. Mönche, Münchens erste Siedler, treten andächtig betend und weihrauchschwenkend mit einem in den Himmel ragenden Kreuz aus dem Torbogen, edel gekleidete Ratsherren eilen ihnen voraus.

Dass das Fresko heute noch in voller Pracht zu sehen ist, verdankt die Stadt den Restauratoren nach dem Zweiten Weltkrieg. Es war durch den Luftkrieg schwer in Mitleidenschaft gezogen worden.

In den 1950er Jahren entsteht das Werk des Allgäuer Historienmalers Bernhard von Neher neu. Ihn hatte der geschichtsinteressierte König Ludwig I. mehr als 100 Jahre zuvor mit der Bemalung des Isartors beauftragt, um den Münchnern seine Referenz zu erweisen. Er lässt dem Künstler ein Bündnis zwischen Fürst und Bürgertum veranschaulichen. Nehers Lehrer, der Maler Peter von Cornelius, hatte bereits bei der Ausgestaltung der Fresken zur Geschichte Bayerns und der Wittelsbacher in den Hofgartenarkaden Regie geführt. Ein Wandbild, das nach seinen Zeichnungen angefertigt wurde, zeigt die Kaiserkrönung Ludwigs des Bayern in der Kirche St. Peter in Rom.

Ob Ludwigs Rückkehr nach München tatsächlich so stattgefunden hat, wie sie auf dem Isartor dargestellt ist, lässt sich im Stadtarchiv nicht belegen. Historiker sind sich einig, dass es den Einzug nach München so nie gegeben hat. Vielmehr verschmelzen in dem Fresko mehrere Ereignisse miteinander: die Schlacht bei Mühldorf von 1322, die Kaiserkrönung von 1328 und die Freude der Münchner über ihre hervorgehobene Stellung im Weltgeschehen. Zumindest trägt das Gemälde im 19. Jahrhundert dazu bei, Vaterlandsliebe und Nationalbewusstsein zu fördern. Die Historiendarstellung führt dem Betrachter Bürgertreue gegenüber der Wittelsbacher Dynastie vor Augen und fordert sie zugleich ein. Durch die bildhafte Huldigung von Ludwig als Identifikationsfigur erhofft man sich seinerzeit ein zufriedeneres und monarchietreues Volk.

Warum nennt man den Karlsplatz Stachus?

5

Bis heute konnte sich die offizielle Bezeichnung Karlsplatz unter den Einheimischen nicht durchsetzen. Sogar an der S-Bahn, U-Bahn und Trambahn haben die Haltestellentafeln mit der Aufschrift „Karlsplatz" sowie die elektronische Haltestellenansage die Ergänzung „Stachus". Woher kommt diese Bezeichnung?

Wie bei Robert Harras und Johann Flaucher, nach denen ein Verkehrsknotenpunkt in Sendling beziehungsweise eine Parkanlage an der Isar benannt sind, geht diese Bezeichnung auf einen beliebten Gastwirt zurück. Eustachius Föderl betreibt Anfang des 18. Jahrhunderts am heutigen Kaufhof-Standort den „Stachus-Garten". Man geht also „zum Stachus". Als der Platz, der ursprünglich offiziell „Neuhausertorplatz" heißt, 1797 zu Ehren von Kurfürst Karl Theodor umbenannt wird, weigern sich die Münchner, ihren Stachus plötzlich Karlsplatz zu nennen. Eine Ehrerweisung an den unbeliebten Kurfürsten? Niemals! Obwohl Karl Theodor die Stadtmauer abreißen und den Englischen Garten anlegen hat lassen sowie den Hofgarten und den Nymphenburger Park für die Öffentlichkeit freigegeben hat, haben ihm die Münchner nie verziehen, dass er seinerzeit Bayern an die Österreicher verschachern wollte. Es ist einer mutigen Frau zu verdanken, dass Bayern in Händen der Wittelsbacher blieb.

Von Anfang an hasst Karl Theodor Bayern. München findet er viel zu eng. Am liebsten würde er seine wirtschaftlich und kulturell blühende Residenzstadt Mannheim nie verlassen. Doch 1777 muss der Wittelsbacher das Kurfürstentum Bayern übernehmen. „Jetzt sind die guten Tage vorbei", klagt der Erbfolger. Elf Jahre später flieht er nach einem Streit mit dem Münchner Rat samt Hofstaat nach Mannheim. Bald darauf entzündet sich der nächste Eklat. Nach seiner Rückkehr an die Isar zwingt er die Münchner Ratsmitglieder, sich vor seinem Abbild zu verneigen. Auch diese Erniedrigung kreiden ihm die Münchner aufs Heftigste an.

Als Karl Theodors erste Frau kinderlos stirbt, bittet er das Kaiserhaus um Mithilfe bei der Brautschau. Ein Thronfolger muss geboren werden. Die Wahl fällt auf Maria Leopoldine, gebürtige Erzherzogin aus der Linie Österreich-Este. Im Alter von 18 Jahren wird sie mit dem 71-jährigen Kurfürsten verheiratet. Dieser Schachzug soll die Erbfolge der wittelsbachischen Nebenlinie Pfalz-Zweibrücken in Bayern verhindern und den bisher erfolglosen Wiener Tauschplänen zum Erfolg verhelfen. Schon lange zuvor hatte Karl Theodor den Habsburgern in Geheimverhandlungen sein unerwünschtes bayerisches Erbe im Tausch gegen die österreichischen Niederlande angeboten. Ihm schwebt ein wittelsbachisches Königreich Burgund im Norden vor – mit den Schwerpunkten Mannheim, Düsseldorf und Brüssel.

Für Maria Leopoldine ist die Heirat ein Albtraum. Ihr Unglück kommentiert sie mit den Worten: „Gottlob, dass er schon so alt ist." Im Volksmund spottet man in Reimform: „O lieber Herr und Heiland, was schickt der Herr aus Mailand, eine schöne Frau für unsre alte Sau." Mit ungezügeltem Freiheitsdrang und Liebesaffären führt die lebenslustige, gesellige und ideenreiche Frau auf ihre Weise einen Kleinkrieg mit dem unerwünschten Ehemann, bis dieser ihr nach jahrelanger Demütigung in allen Dingen nachgibt.

1799 erleidet Karl Theodor beim Kartenspielen einen Schlaganfall. Wien schickt einen Gesandten, um am Sterbebett die Unterschrift unter den Tauschvertrag zu erhalten. Jetzt rächt sich die 22-jährige Kurfürstin für die aufgezwungene Ehe, das Trauma ihres Lebens, an ihrer habsburgischen Familie. Eisern verweigert sie dem Unterhändler den Zugang zum Sterbezimmer. Der Kurfürst stirbt nach viertägigem Todeskampf, ohne ein Testament zu hinterlassen.

Bayern ist im Freudentaumel. Nach 22 Jahren sind die Bürger den verhassten Machthaber los, ohne Erbfolgekrieg ermöglicht die junge Witwe einen reibungslosen Machtwechsel und ebnet dem Kurfürsten-Neffen Max Joseph, den sie im Gegensatz zu ihrem Gatten immer gut leiden konnte, den Weg. Umjubelt von einer erleichterten und begeisterten Menschenmenge erlebt der neue Herrscher bei seinem offiziellen Einzug nach München einen wahren Triumphzug. Sein Sohn König Ludwig I. bleibt Maria Leopoldine, die einen italienischen Grafen heiratet und als tüchtige Geschäftsfrau Karriere macht, zeitlebens dankbar. In einem Trinkspruch lässt er sie als Retterin Bayerns hochleben.

Nach einem solchen Stadtkapitel pfeifen die Münchner auf die offizielle Bezeichnung des Areals vor dem westlichen Stadttor, das Karl Theodor zu Ehren den Namen Karlstor trägt. Inzwischen haben zahlreiche bayerische Gemeinden mit einem Verkehrsknotenpunkt umgangssprachlich einen „Stachus". Denn früher galt der Münchner Stachus als einer der verkehrsreichsten Plätze in ganz Europa. So hat sich in und um München die Redewendung eingebürgert: „Da geht's ja zu wie am Stachus!"

Woher hat der Odeonsplatz seinen Namen? 6

Bei der Bezeichnung „Odeonsplatz" denken Ortskundige an die Freifläche zwischen Feldherrnhalle, Theatinerkirche und Residenz. Dabei war der Platz rings um das Reiterstandbild von König Ludwig I. ein Stück weiter in Richtung Ludwigstraße gemeint. Das lag an der Attraktion, die dort über Jahrzehnte Liebhaber der klassischen Musik vereint hat, dem Odeon.

Der Begriff ist aus dem Griechischen abgeleitet und bedeutet so viel wie „Konzertsaal". In der Antike nutzte man ein kreisrundes, überdachtes Odeion zum Beispiel für Ratsversammlungen, Aufführungen und Musikwettbewerbe. So etwas darf in König Ludwigs Residenzstadt natürlich nicht fehlen. Kurz nach seinem Amtsantritt lässt der kunst- und kulturbeflissene Monarch seinem Haus- und Hofarchitekten Leo von Klenze eine imposante Sing-, Lese- und Tonhalle errichten, die 1828 eröffnet wird. Beifall kommt von allen Seiten. Der Klenze-Bau wird als klassizistisches Meisterwerk gefeiert und wird zu einem der berühmtesten Konzerthäuser Europas. Die Akustik des säulengetragenen Raums mit 1.445 Sitzplätzen gilt unter Musikkennern seinerzeit als unübertrefflich. Der Veranstaltungsort ist bei Künstlern und Publikum in gleicher Weise beliebt. Auch die Optik vermittelt Extravaganz. Der Saal mit rechteckigem Grundriss verfügt über eine halbrunde Exedra, also einen nischenartigen Raum für Orchesterpodium oder Bühne, und übereinandergestellte Säulenreihen. Außerdem zieren kunstvolle Fresken von Wilhelm von Kaulbach, Robert Eberle und Hermann Anschütz die Wände.

Doch wie so vieles in München übersteht dieser bürgerliche Konzert- und Ballsaal die Bombardierungen im Zweiten Weltkrieg nicht. Die Stadt entscheidet sich für einen Wiederaufbau. Anfang der 1950er Jahre entsteht das Odeon neu – mit originalgetreuer Fassade, die Klenze spiegelbildlich zum benachbarten Leuchtenberg-Palais, in dem sich heute das Finanzministerium befindet, entworfen hatte. Musik- und Architekturliebhaber fordern auch innen eine völlige Rekonstruktion. Trotzdem erfolgt der Umbau zum Amtsgebäude. Der ehemalige Konzertsaal, der sich im ersten Obergeschoss befunden hatte, und das Erdgeschoss werden zusammengelegt und zum Innenhof umgestaltet. Der Grundriss des Saals ist an der weißen Säulenreihe entlang der gelben Wände erkennbar. Seit 2007 überdeckt eine filigrane Glas-Stahl-Konstruktion den Innenhof.

Seit der Nachkriegszeit ist das ehemalige Odeon Dienstsitz des Bayerischen Innenministeriums. Aus Sicherheitsgründen ist der kopfsteingepflasterte Innenhof nicht öffentlich zugänglich. Neugierige dürfen aber einen Blick durch die Glastüren werfen und den denkmalgeschützten Ort, den ein plätschernder Brunnen bereichert, bewundern.

Das neue Odeon nach der Renovierung 2004

*W*arum ist die Residenzfassade nur gemalt?

7

Den meisten Passanten fällt es auf den ersten Blick gar nicht auf: Die Residenzfassade ist an einigen Flächen nur gemalt. Da liegt die Vermutung nahe, dass diese Gebäudemaske einen Eindruck vermitteln soll, wie die gemauerte Fassade vor dem Krieg ausgesehen hat. Die Bemalung hat aber einen anderen Hintergrund, wie ein Blick in die Geschichte der Residenz zeigt.

Seinen Untergang erlebt der frühere Wohn- und Regierungssitz der Wittelsbacher im Zweiten Weltkrieg. Bei 73 Luftangriffen auf München zerfällt ein Großteil der Stadt in Schutt und Asche. Mehr als 6.000 Münchner kommen dabei ums Leben, drei Viertel der Bauten und Wohnhäuser werden zerstört. Von vielen Gebäuden bleibt nur noch ein Gerippe übrig. Im Frühjahr 1944 vernichten Bomben der Alliierten die Residenz fast völlig. Von rund 23.000 Quadratmetern Dachfläche existiert noch ein Rest von ungefähr 50 Quadratmetern, die Räume im Obergeschoss sind ausgebrannt, im Erdgeschoss haben Sprengbomben und Luftminen die Gewölbe zum Einsturz gebracht. Münchens historisch und künstlerisch bedeutendster Denkmalkomplex ist ein Trümmerfeld, Teil einer riesigen Ruinen-Landschaft. Noch 1947 hält der damalige Referent für den Wiederaufbau eine Erneuerung der Stadt für eine Angelegenheit von 30 bis 50 Jahren.

Unter den Überlebenden ist der Wille groß, aufzubauen und bessere Verhältnisse zu schaffen. Sofort nach Kriegsende fangen sie an, Schutt beiseite zu räumen und sich so gut wie möglich einzurichten. Anfangs wohnen viele Einheimische und Heimatvertriebene in Ruinen, häufig gibt es weitere Tote durch einstürzende Mauern. Die Devise für den Aufbau gibt der von den Amerikanern wieder ins Amt gehobene Oberbürgermeister Karl Scharnagl vor: „München will stark am alten Stadtbild und seiner Behaglichkeit festhalten. Es soll so wiedererstehen, wie es sich selbst und wie die Welt es gekannt hat." Schon Ende der 1950er Jahre gibt es kaum noch Lücken in den Straßenfronten.

Hauptanliegen des Stadtrats ist „die Wiederherstellung der kulturellen Wahrzeichen der Stadt".

Während man es beim Wiederaufbau privater Bauten aus kommerziellen Gesichtspunkten mit dem Denkmalschutz nicht so genau nimmt, wird bei den Arbeiten an der Residenz auf jedes Detail geachtet. „Freunde der Residenz" schließen sich zu einem Bürgerverein zusammen, viele Münchner und auch der Bayerische Rundfunk spenden Geld, Denkmalpfleger sichern die vorhandene Bausubstanz. Unter Aufsicht der Bayerischen Schlösser- und Seenverwaltung macht sich die Bauleitung an die Arbeit: Ein Stab von Architekten, Zeichnern und Bauführern kooperiert mit Kunsthistorikern der Verwaltung und stützt sich auf die Fähigkeiten von Bildhauern, Malern, Vergoldern, Schreinern, Stuckateuren und Schlossern, die in den eigens für den Residenzaufbau eingerichteten Werkstätten arbeiten. So kann der frühere Herrschersitz, dessen Ursprung auf eine mittelalterliche Wasserburg zurückgeht, weitgehend originalgetreu neu entstehen. Ausgestattet wird er mit der ursprünglichen Inneneinrichtung samt Wand- und Deckenverkleidungen, die rechtzeitig vor den Bombenangriffen ausgelagert worden waren.

Auch bei der Fassadengestaltung ist Gründlichkeit angesagt. Die Außen-Bemalung an der Gebäudeseite zur Residenzstraße sowie im Brunnen- und im Kaiserhof ist keine Notlösung. Die Entscheidungsträger wählen die bereits unter Kurfürst Maximilian I. in Auftrag gegebene Gestaltung: illusionistische Gemälde, die mittels geschickter Perspektiven- Darstellung eine nicht vorhandene Räumlichkeit vortäuschen. Die ältesten erhaltenen Beispiele dieser Technik kennt man aus Pompeji. Der so genannte Trompe-œil-Stil entwickelte sich in der Renaissance-Zeit und geht einher mit wissenschaftlichen Fortschritten im Bereich der Optik. Allerdings wirkt die Malerei heute etwas grafisch und nicht mehr so authentisch wie diejenige aus dem 17. Jahrhundert. Künstler bringen sie beim Wiederaufbau in vereinfachter Form an, was durchaus den Hinweis zulassen soll, dass die moderne Version der Bemalung erst aus dem 20. Jahrhundert stammt.

Heute gilt der 130 Räume umfassende Gebäudekomplex mit seinem Mix aus Elementen der Renaissance, Barock, Rokoko und Klassizismus als Meisterwerk architektonischer Rekonstruktion. Damit verfügt München über das größte Innenstadtschloss Deutschlands. Es steht seit 1920 als Museum allen Besuchern offen.

Warum reibt man an den Löwen-Nasen?

8

An den westlichen Residenzeingängen findet sich ein Verweis auf die moderne Form des Münchner Aberglaubens: die blank geputzten Schnauzen am Wappenschild der vier Löwen. So mancher Tourist wundert sich über das Ritual einheimischer Fußgänger, die eilig oder lässig im Vorbeigehen mit der Handfläche an den Nasen reiben – und macht es dann einfach nach. Obwohl diese Geste vielen Münchnern zur Gewohnheit geworden ist, bleiben die meisten den fragenden Touristen eine Antwort nach dem Sinn schuldig.

Es heißt: Es bringt Glück und Wohlstand, wenn man an den Löwen-Nasen reibt. Dieser Aberglaube, zu dem verschiedene Begründungen kursieren, geht vermutlich auf ein Ereignis im 19. Jahrhundert zurück. Damals hat König Ludwig I. eine Affäre mit der berühmt berüchtigten Lola Montez, einer maßlosen, unbeherrschten und vorlauten Diva.

Die irische Offizierstochter, mit bürgerlichem Namen Maria Dolores Eliza Rosanna Gilbert, kommt 1846 nach München und gibt sich als spanische Tänzerin aus. Sie verdreht dem König den Kopf, mischt sich in die Ämtervergabe ein, lässt sich in den Adelsstand erheben und wird fortan Gräfin Landsfeld genannt. Bei den Unruhen im Revolutionsjahr 1848 fürchten viele Münchner, Lola Montez, die eine Zeit lang Tänzerin in Paris war, würde den Monarchen bei politischen Entscheidungen beeinflussen. Es geht das Gerücht um, sie wäre mit den Franzosen im Bunde, vielleicht sogar eine Spionin.

Um vor ihr zu warnen, hagelt es Schmähbriefe aus dem ganzen Bayernland. In einem Brief aus dem Oberland heißt es:

Montez du große Hur´
Bald schlagen wird dei Uhr
Wo wir di außi hau'n
Weil d' Münchna si ned traun.

Pfui Teufel Königshaus
Mit uns in Schand und Spott
Helf uns da liabe Gott.

Auch ein Münchner Student verfasst einen Schmähbrief und hängt ihn an der Residenzfassade auf. Große Aufruhr! Der König ist empört. Er setzt 1.000 Gulden zur Ergreifung der Missetäter aus. Eine Fahndungsaktion ist allerdings überflüssig. Der Student ist so mutig und stellt sich. Diese Furchtlosigkeit seines Untertanen beeindruckt den König so sehr, dass er ihn begnadigt und ihm die 1.000-Gulden-Belohnung schenkt.

Beim Verlassen der Residenz streichelt der Student aus Dankbarkeit für die Begnadigung die Löwen-Nasen. Er ist überzeugt: „Die Löwen haben mir Glück gebracht." Seither gilt das Ritual als gutes Omen.

9 *Weshalb haben die Bäume im Hofgarten Nummern?*

Dass Theatersitzplätze, Supermarktprodukte, Autokennzeichen und Fußballtrikots nummeriert sind, ist üblich. Aber Bäume zu nummerieren – braucht's das? Im Hofgarten Ja. Dort sind Kastanien, Linden und Platanen mit Zahlenschildchen versehen. Warum? Das hat praktische Gründe.

Im Rahmen der Verkehrssicherheitspflicht hat die Bayerische Schlösserverwaltung die Überwachung von Bäumen mit Hilfe eines digitalen Baumkatasters organisiert. Ein effektives und sicheres Dokumentationsmittel. Eingeführt haben es Experten im Jahr 2008. Zum Einsatz kommt es unter anderem im Bamberger Rosengarten, im Bayreuther Hofgarten, rings um die Schlösser Rosenau, Herrenchiemsee, Linderhof, Schleißheim und Dachau sowie im Englischen Garten.

Im Münchner Hofgarten, wo 21 Kastanien, 154 Linden und 78 Platanen die idyllische Innenstadt-Oase bereichern, tragen seit März 2011 diejenigen Bäume sechsstellige Nummern, die gemäß Verkehrssicherheitspflicht zu überwachen sind. So will man zum Beispiel vermeiden, dass Spaziergänger oder Boule-Spieler von morschem Geäst getroffen werden, das längst hätte entfernt werden müssen. Wer also Mängel an Blättern, Ästen oder ganzen Baumkronen feststellt und Sachverständige darüber informieren möchte, kann sich konfuse Standort-Beschreibungen sparen und braucht einfach nur die Baum-Nummer durchzugeben.

Die jeweiligen Zahlen sind in Weiß auf etwa passbildgroße schwarze Plättchen gedruckt, die auf zweieinhalb bis drei Metern Höhe mit einem Nagel befestigt sind. Allein die Anbringung ist eine Wissenschaft für sich. Fachleute schlagen den Nagel mit einem Spezialhammer so vorsichtig in die Rinde, dass er mehrere Zentimeter heraussteht. Dadurch kann der Baumstamm noch viele Jahre wachsen, ohne dass sich die Plakette in die Rinde einbohrt oder abgeworfen wird. Regelmäßig kontrollieren speziell geschulte Mitarbeiter der Bayerischen Schlösserverwaltung den Bestand.

Wie entstand die Eisbach-Welle?

10

Es war einmal ein amerikanischer Soldat, der in München stationiert war. Vor lauter Heimweh nach Kalifornien und seinen Stränden nahm er eines Tages sein Surfbrett und rannte los – vorbei an Autos und Radlfahrern von seiner Kaserne über den Altstadtring zum Englischen Garten, wo er eine surfbare Stromschnelle fand. Dies ist die Geburtsstunde des Wellenreitens am Eisbach.

Auch wenn das oft erzählte Märchen liebenswert klingt, wird in München bezweifelt, ob sich tatsächlich ein Amerikaner als Erfinder des Eisbach-Surfens rühmen darf. Zumal es ein großer Zufall gewesen sein müsste, dass er genau den Moment erwischt hat, als die Welle einen guten Tag hatte. Denn früher funktionierte sie insgesamt höchstens sechs Wochen im Jahr, zum Beispiel wenn es Kies ins Flussbett geschwemmt hatte und damit die Strömung auf ein Hindernis stieß. Kaum hallte das Geschrei „Die Welle geht! Die Welle geht!" wie Buschgetrommel durch den Englischen Garten, rannten die Surfer-Freaks wie Wahnsinnige zum Spot und sprangen mit ihren Brettern in die Fluten. Immer wieder experimentierten sie und zerbrachen sich den Kopf, wie man es schaffen könnte, dass sich die Welle dauerhaft öffnet und nicht gleich wieder in sich zusammenfällt.

Die zukunftsweisende Initiative ergreift schließlich der arbeitslose Tankschutzmonteur und Motorradrocker Walter Strasser. In den 1980er Jahren startet der findige Urbayer eine geheime Aktion. Er rückt mit dem Jeep an, packt einen Presslufthammer aus, sperrt die viel befahrene Prinzregentenstraße, damit kein Auto über seine ausgelegten Kabel fahren kann, und montiert eine Eisenbahnschwelle ins seitliche Flussbett. Ein Werk für die Ewigkeit. Seither erzeugt der Fluss rund um die Uhr eine etwa eineinhalb Meter hohe stehende Welle, was die wahren Herzblut-Surfer zu jeder Tages- und Nachtzeit nutzen. Außerdem verfügt eine Gruppe aus Insidern über eine mobile Rampe, die die Welle noch besser stabilisiert. Des Öfteren ziehen sie die Rampe per Seil heraus und nehmen sie mit, um einem Massenauflauf vorzubeugen. Denn zehn bis 20 Surfer in Warteposition sind an einem Sommertag eh´ schon mehr als genug. Ist der Wellengang zu lasch, muss so mancher unverrichteter Dinge wieder abziehen. Das schreckt ab.

Es kommt nicht selten vor, dass einem mitten in der Millionenstadt, hunderte Kilometer vom Meer entfernt, im Bus, auf dem Radl oder zu Fuß ein junger

Mann im Neoprenanzug oder in Badeshorts mit Surfbrett unter dem Arm begegnet. Touristen sind dank der Reiseführer-Rubrik „Attraktionen" darauf vorbereitet: München – die Stadt des Bieres, der Wiesn und des Surfens! Betört vom Rauschen der Fluten beobachten täglich zahlreiche Einheimische sowie staunende Gäste aus Abu Dhabi, Tokio oder Madrid von der Steinbrücke aus, wie die Wellenreiter ihre Freiheit genießen. An keinem Meer der Welt lässt sich ein solches Spektakel so nah bewundern. Auf Tahiti muss man Boote mieten, um Surfer zu bestaunen, in München reicht ein Ticket zum Haus der Kunst.

Wer hier das Surfen gelernt hat, bekommt ein sicheres Gespür für Kurven-Technik und lernt raffinierte Tricks. Riversurfen ist ein Kunststück. Im Fluss kommt die Welle von vorne, im Meer von hinten. Im Meer muss der Surfer die Welle erst anpaddeln und fährt dann in eine Richtung, im Fluss steht er nach seinem Sprung auf die Wasseroberfläche sofort auf der Welle und fährt auf der Stelle hin und her. Dass es dabei eine spezielle Technik braucht, davon hat sich auch der Musiker Jack Johnson überzeugt, der schon auf der ganzen Welt gesurft war und vor seinem München-Konzert einen Zwischenstopp am Eisbach eingelegt hat. Surfer-Legende Kelly Slater bremste Walter Strasser, der „Hausmeister vom Eisbach", allerdings aus. Als während der Sportmesse ISPO eine Menge Möchtegern-Wellenreiter und Selbstdarsteller den großen Macker markierten, machte er die weltbekannte Eisbachwelle flach – und Kelly Slater hatte das Nachsehen.

Beinahe wäre der Welle vor ein paar Jahren das Wasser dauerhaft abgedreht worden. 2008 wollte der Freistaat das Surfen verbieten, weil er für mögliche Unfälle keine Haftung übernehmen wollte. Außerdem hatten die Behörden keine Rechtsgrundlage, das Surfen im Park zu erlauben. Während die Polizei in den Anfangsjahren den Surfern rigoros ihre Bretter wegnahm, galt das Surfen auf der Eisbachwelle die längste Zeit als Sport im Graubereich: nicht erlaubt, aber geduldet. Münchner trommelten zur Rettung der Welle, ein Deal musste her. Da übernahm die Stadt 2009 im Tausch gegen einen unbedeutenden Grünstreifen an der Königinstraße den Flussabschnitt und erlaubte „für geübte Surfer" den Ritt auf der Welle.

Mit der Floßlände in Thalkirchen verfügt die Stadt insgesamt über zwei stehende Wellen. Nur bei Hochwasser ist die ganze Isar ein Surfer-Paradies. Dann geht es mit waghalsigen Sprüngen von der Reichenbachbrücke hinab in den reißenden Strom. Jetzt prüft die Stadt mittels Machbarkeitsstudie einen Umbau der Flusslandschaft, so dass im Bereich der Wittelsbacherbrücke eine Ganzjahres-Welle entstehen kann. Auf Tipps vom Eisbach-Unikum muss das Baureferat verzichten. Der „Hausmeister der Eisbachwelle" ist nach Sardinien ausgewandert und baut dort Didgeridoos, die typischen Blasinstrumente der australischen Ureinwohner.

Wo steht der „Bahnhof von Athen"? 11

Für die meisten Münchner ist das tempelartige Gebäude an der Prinzregentenstraße das „Haus der Kunst". So lautet ja auch die offizielle Bezeichnung. Unter älteren Einwohnern hat es noch einen anderen Namen: Bahnhof von Athen.

Der wuchtige Baublock mit seinen 21 Rundsäulen hat eine unrühmliche Vergangenheit. Nach germanischer Konstruktionslehre im griechischen Baustil der Antike entwickelt, stellt er einen imposanten Repräsentationsbau dar. Das Gebäude riegelt den Englischen Garten von der Prinzregentenstraße ab. Seinen Spottnamen durften die Münchner früher nicht laut aussprechen. Das hätte üble Konsequenzen gehabt. Mit diesem Gebäude wollte Hitler im „Dritten Reich" ein unübersehbares Symbol für München als Kunststadt setzen.

Lange Zeit diente der legendäre Glaspalast am Alten Botanischen Garten für Kunstausstellungen. Doch zwei Jahre vor Beginn der Nazi-Diktatur bricht dort Feuer aus und zerstört die einmalige Glas-Eisen-Konstruktion. Vermutlich war es Brandstiftung. Unmittelbar nach dem Unglück beginnt Hitler-Architekt Paul Ludwig Troost mit der Planung eines Großbaus. Er entwirft ein Kunstmuseum, das im ganzen Reich einzigartig sein sollte. Bei der Grundsteinlegung 1933 kommt es zu einem ominösen Zwischenfall. Als Hitler nach seiner Ansprache einem Stein den zeremoniellen Hammer-Schlag versetzt, zerbricht das Werkzeug in zwei Teile. Ein Raunen geht durch die Menge. Hitler glaubt an ein schlechtes Vorzeichen. Schon bald sieht er sich bestätigt: Architekt Troost, der auch den Hammer entworfen hatte, stirbt kurz darauf.

Im Juli 1937 wird der Neubau mit der „Großen Deutschen Kunstausstellung" eröffnet. Einen Tag darauf beginnt die Ausstellung „Entartete Kunst" in den Hofgartenarkaden an der Galeriestraße. Dort werden von 16.000 beschlagnahmten Werken, unter anderem von Max Beckmann, Paul Klee, Franz Marc und Wassily Kandinsky, 650 präsentiert. Sie sollen zeigen, „wie ein krankes Gehirn die Natur sieht". Ziel der Propaganda-Ausstellung ist es, einen Pakt zwischen Veranstalter und Besucher gegen das Kunstwerk und seinen Urheber zu schließen.

Im Zweiten Weltkrieg fallen zahlreiche Kunstbauten dem Bombenhagel zum Opfer. Doch der „Bahnhof von Athen" übersteht sämtliche Luftangriffe ohne großen Schaden. Und das, obwohl die Alliierten neben Aufmarschplätzen vorrangig Großbauten bombardieren. Doch hier funktioniert ein Trick: Die Münchner bedecken das Flachdach mit Tarnnetzen, sodass es aus der Luft nicht zu erkennen ist.

Nach dem Krieg richten sich US-Militärs in dem Gebäude einen Offiziersclub samt Basketballhalle ein. Seit 1949 wird darin Moderne Kunst ausgestellt.

Wieso steht in Schwabing ein Chinesischer Turm?

12

Die kostspieligen Ideen des Griechenland- und Italien-Fans König Ludwig I. machten München zum „Isar-Athen" und zur „Nördlichsten Stadt Italiens". Im Englischen Garten sind allerdings auch asiatische Elemente zu finden: das Japanische Teehaus und der Chinesische Turm. Reisen in diese Länder schienen früher reinste Utopie. Warum setzten die Münchner mitten in ihrer grünen Oase ausgerechnet den Chinesen ein Denkmal?

Genau genommen ist es keine Ehrerweisung an China. Der Turm ist vielmehr ein Symbol für Münchens Weltoffenheit. Schließlich ist um 1800 die ganze Welt fasziniert von chinesischer Kunst und Architektur. In vielen Ländern entstehen Gärten und Bauten nach fernöstlichem Vorbild. Natürlich braucht auch die Residenzstadt München eine chinesische Attraktion! Also wird Graf Rumford, unter dessen Kommando die Anlage des Volksparks in Schwabing seinen Anfang nimmt, auf die Suche nach dem Prototyp für eine Pagode geschickt. Rumford tingelt durch die Lande und entdeckt ein passendes Objekt im Schlossgarten von London. Das Original dazu stand im Garten des Kaisers von China und war aus Porzellan.

Den 25 Meter hohen, mit 48 Glocken behängten Turm konzipieren der Militärarchitekt Joseph Frey und der Ingenieur Johann Baptist Lechner vor mehr als 200 Jahren aus Holz. Das macht ihn leicht zum Opfer von Flammen. Nach Bombenangriffen im Zweiten Weltkrieg brennt das Bauwerk auch komplett ab und wird Anfang der 1950er Jahre originalgetreu mit Fichtenholz aus den Wäldern um Schloss Linderhof und mit Lärchenholzschindeln aus Österreich wieder aufgebaut.

Schon seit der Biedermeier-Zeit sind der Turm und die benachbarte Wirtschaft ein beliebtes Ausflugsziel. Schließlich ist es ein Ort, an dem das Volk laut Gartenarchitekt von Sckell „gesehen, gefallen und bewundert werden will". Dort geht es früher bei Tanz und Bier hoch her. Eine Vergnügungsrarität besonderer Art wird um 1880 der Kocherlball. Hier treffen sich damals jeden Sonntag bei guter Witterung von 5 bis 8 Uhr an die 5.000 Dienstmädchen, Köchinnen, Hausdiener und

Soldaten zum Tanz. So früh deshalb, damit das Hauspersonal wieder zeitig bei der feinen Herrschaft zum Arbeiten erscheint. 1904 verbietet die Obrigkeit das Spektakel aus „Mangel an Sittlichkeit". Das Fest war immer mehr ausgeartet – zu viele Schlägereien, zu viele Bierleichen, zu viele schwangere Dienstmädchen.

Seit 1989 lassen die Münchner die alte Tradition rings um den Chinesischen Turm wieder aufleben. An einem Sonntag im Juli steigt in aller Herrgottsfrühe in dem 7.000 Plätze fassenden Biergarten eine rauschende Tanz- und Musikveranstaltung mit tausenden Besuchern in Dirndln und Lederhosen.

Wie heißen die Inseln im Kleinhesseloher See?

13

Der Kleinhesseloher See bildet Herz und Mittelpunkt des Englischen Gartens. Seine Entstehung ist Reinhard Freiherr von Werneck zu verdanken. Als Nachfolger von Graf Rumford übernimmt der Generalmajor 1798 die Oberaufsicht über den Park. Er lässt die Anlage fast um das Doppelte nach Norden erweitern und 600 Meter östlich der Münchner Freiheit einen See anlegen. Sein Name wird oft mit dem Pullacher Ortsteil Großhesselohe in Verbindung gebracht, hat damit aber nichts zu tun. Vielmehr geht er auf den Posten eines Parkwächters zurück. Direkt an seinem Wachhaus schenkt Joseph Tax damals Bier an die Arbeiter aus und schafft damit einen beliebten Treffpunkt. Dort geht es fröhlich zu, es wird gefeiert und getanzt. Für diesen romantischen Platz unter Bäumen entsteht die Bezeichnung „das kleine Hesselohe", was so viel bedeutet wie „Haselwäldchen". Dieser Name geht schließlich auf den See über.

Heute noch ist der See ein Ort für romantische Abenteuer, Ausflügler füttern Schwäne und Fische, sonnen sich am Seehaus oder umrunden in Ruder- und Tretbooten die idyllischen Inseln. Wie diese heißen, wissen die wenigsten. Die kleinste ist die **Regenteninsel** mit 640 Quadratmetern, die größte in der Seemitte ist die **Königsinsel** (2.720 Quadratmeter), und die dritte trägt den Namen **Kurfürsteninsel** (1.260 Quadratmeter).

Warum diese Bezeichnungen? Sie verweisen auf die Entwicklung der Herrschaftsverhältnisse in Bayern. Mit der Erlangung der Kurwürde wird das Herzogtum Bayern unter Maximilian I. im Jahr 1623 zum

Kurfürstentum. In der Amtszeit von Kurfürst Karl Theodor entsteht der Englische Garten. Durch ein Bündnis mit dem napoleonischen Frankreich steigt Bayern unter Max Joseph 1806 zum Königreich auf. In diesem Herrschaftskapitel lässt Hofgartenintendant Friedrich Ludwig von Sckell den Kleinhesseloher See 1812/13 auf seine jetzige Größe von rund 35.000 Quadratmeter erweitern. Dadurch reicht der See in unmittelbare Nähe von Kleinhesselohe. Das dortige Biergärtchen ist als Vorgänger des heutigen Seehauses zu betrachten. Von 1882 bis 1883 errichtet Architekt Gabriel von Seidl dort ein Bootshaus mit Speisewirtschaft, das sich zur Zeit von Prinzregent Luitpold und Ludwig III. großer Beliebtheit erfreut.

Wer ist die Figur am Wedekindbrunnen?

14

Auf den ersten Blick wirkt die Brunnenfigur am Wedekindplatz recht unscheinbar. Mit langen Haaren, nackt und kräftig gebaut, sitzt eine steinerne Frau auf einer ebenso farblosen Säule, mit der rechten Hand fasst sie sich theatralisch an die Stirn. Sie könnte eine durchgeistigte Künstlerin darstellen, eine gelangweilte Diva, vielleicht eine Trauernde mit Liebeskummer. Hineininterpretieren lässt sich Vieles.

Reine Fantasie eines Kunsthandwerkers ist die Gestalt jedenfalls nicht. Inspiriert hat den bayerischen Bildhauer Ferdinand Filler die schillernde Persönlichkeit, der dieser Platz an der Feilitzschstraße seit 1959 gewidmet ist: Frank Wedekind.

Wäre es nach Wedekinds Vater gegangen, hätte er Karriere als Jurist gemacht. Aber berauscht von der Welt der Künstler, Studenten und Literaten interessiert ihn während der Schwabinger Bohèmezeit alles andere als rechtswissenschaftliche Paragrafen. Tage lang war er nach seiner Anreise aus der Schweiz träumend umhergeirrt und vor lauter Eindruck nicht zum Ausdruck gekommen. Er geht in Konzerte, Museen und Biergärten, schreibt Gedichte und besucht Vorlesungen in Staatswissenschaft, Politik und Kulturgeschichte – bis sein Vater den falschen Jura-Studenten entlarvt und ihm jede Unterstützung streicht. Da schlägt sich Frank Wedekind mit Gelegenheitsjobs durch, macht Werbung für „Maggi", arbeitet für einen Schaustellerbetrieb, schreibt Zirkustexte für eine Zeitung, kehrt dann aber pleite in die Schweiz zurück. Er gelobt Besserung und nimmt das Jurastudium in Zürich auf. Kurz darauf stirbt der Vater. Frank Wedekind erbt reich und versucht erneut sein Glück in Schwabing. Mit witzigen, geistreichen und sozialkritischen Texten strapaziert er dort die Zensurbehörde. Als Schriftsteller, Dramaturg und Kabarettist sorgt er für Stadtgespräch. Noch heute werden Wedekind-Dramen wie „Lulu", „Erdgeist",

„Die Büchse der Pandora" und die Jugendtragödie „Frühlingserwachen", in dem Teenager mit Schwangerschaft, Homosexualität und Selbstmordgedanken konfrontiert werden, an Theatern aufgeführt.

Die Brunnenfigur am ehemaligen Schwabinger Dorf- und Marktplatz ist Alma, die Tochter von König Nicolo aus Wedekinds Stück „So ist das Leben". In dem Drama werden König und Prinzessin aus ihrem Heimatland Umbrien vertrieben und müssen sich auf einem Jahrmarkt über Wasser halten – durch Vorstellungen als Komiker und Clown. Dort trägt Alma einen dichterischen Text vor, von dem vier Verszeilen an der Schwabinger Brunnensäule zu lesen sind: „Seltsam sind des Glückes Launen, wie kein Hirn sie noch ersann, dass ich meist vor lauter Staunen, lachen nicht, noch weinen kann."

Wenn sie könnte, hätte die lebensgroße Skulptur viel zu erzählen. Wie eine Loreley thront sie seit nunmehr 53 Jahren auf dem schlichten Sockel. Sie greift mit der linken Hand nach einer Leier, die ein Verweis auf die Zunft der Liedermacher und Sänger ist. Wie eine Melodie rieselt das Wasser friedlich ins Brunnenbecken. Dem Gesichtsausdruck der Figur ist nicht anzumerken, ob sie traurig oder nachdenklich ist. Aus Fränkischem Muschelkalk hat ihr der Bildhauer einen fülligen Unterleib geformt, die Oberweite üppig ausgestattet. Eine so freizügige Darstellung hätte zu Wedekinds Lebzeiten (1864-1918) einen Skandal ausgelöst. Bei Wedekind reichten schon kritische Texte, die sich gegen politische Missstände und biedere Moralvorstellungen von Obrigkeit und Bürgertum richteten, um sich gehörigen Ärger, ja sogar Gefängnisstrafen einzuhandeln. So kann die Brunnenfigur auch als Protest gegen die Spießigkeit angesehen werden, gegen die sich Jugendliche und Studenten dann in den 60er Jahren auflehnten. Als Schwabing 1962 durch denkwürdige Ereignisse Geschichte schrieb, spielte der Standort Wedekindbrunnen zu Beginn der „Schwabinger Krawalle" eine Rolle. Bei diesen Unruhen kämpften die jungen Aufrührer auch um kulturelle Selbstbestimmung – ein Protest, der vermutlich im Sinne Frank Wedekinds gewesen wäre.

Warum sind am Gebäude der Universität Einschusslöcher?

Ungleichmäßig verteilen sich über die rote Backsteinwand der Universitätsbibliothek an der Schellingstraße/Ecke Ludwigstraße abgebröckelte Ziegel und dunkle Einschusslöcher. Eigentlich schaut sich die Stadtverwaltung Schmiererei, Verwüstung und Zerstörung nicht lange an. Da wird gestrichen, aufgeräumt und repariert, damit Münchens Ruf als saubere und sichere Großstadt nicht leidet. Doch Schäden wie an der Universitäts-Mauer sollen für die Zukunft erhalten bleiben, weil sie die Vergangenheit dokumentieren.

Die Einschusslöcher sind Zeugnisse des Zweiten Weltkriegs. Bei Luftangriffen der Alliierten wurde auch die Ludwig-Maximilians-Universität schwer beschädigt, Bombensplitter gruben sich tief ins Mauerwerk. Als die Münchner nach 1945 Spuren der Kriegszeit beseitigten und bedeutende Gebäude wie das Nationaltheater, den Alten Peter und die Theatinerkirche originalgetreu wiederherstellten, ließen sie einige Gebäude-Narben bewusst bestehen. Man wollte die zerstörte Stadt nicht durch unkritische Rekonstruktion neu errichten, als ob das einschneidende Ereignis nie

stattgefunden hätte. Denn bei jeder Rekonstruktion besteht die Gefahr, dass sie nicht zur Bewahrung der Geschichte dient, sondern zu ihrer Verdrängung führt.

Im Rahmen des europäischen Projekts „Wunden der Erinnerung" wurden die Löcher als Denkmal kenntlich gemacht. Beate Passow, die in den 60er und 70er Jahren die Akademie der Bildenden Künste in München besucht hat, und der Kunstprofessor Andreas von Weizäcker, ein Sohn von Altbundespräsident Weizäcker, konservierten das Bild der Zerstörung und brachten eine Gedenktafel an. Seither weist ein diskreter Schriftzug auf einer Plexiglasscheibe auf einstige Wunden der Stadt und seiner Bewohner hin. Ähnliche Hinweise gibt es auch andernorts. An einer Säule am Haus der Kunst befindet sich an einem Einschussloch eine Gedenktafel, an der Alten Pinakothek steht die kriegsversehrte Bronzeskulptur eines Pferdebändigers, und am Siegestor erinnern Einschusslöcher an den Untergang der Stadt. Diese Art von Narbenarchitektur findet sich auch im Hofgarten an der Staatskanzlei: Erinnerungsarbeit leisten die lädierten Säulen am Kuppelbau und der unvollendet wirkende Arkadengang aus Ruinenteilen und modernen Elementen.

Wen stellen die „Vier heiligen drei Könige" dar? 16

Die meiste Zeit sind die „Vier heiligen drei Könige" von Studenten umringt. Die einen pusten ihnen Zigarettenrauch entgegen, andere stützen sich zu ihren Füßen am Geländer ab und versuchen, den Kopf vom Lernen frei zu kriegen. Aufmerksamkeit erhalten die Heiligen, die nur umgangssprachlich so genannt werden, hauptsächlich von architekturinteressierten München-Besuchern, die in Touristenbussen auf der Ludwigstraße an der Staatsbibliothek vorbeifahren. Dort thronen die Steinfiguren an der Freitreppe. Sie stellen griechische Persönlichkeiten dar, die durch herausragende Leistungen in den Geisteswissenschaften bis in die heutige Zeit Einfluss auf Staatstheoretiker und Studierende in aller Welt haben.

Links sitzt der Begründer der wissenschaftlichen Geschichtsschreibung **Thukydides.** Der antike Historiker aus Athen dokumentiert 400 v. Chr. Geschehenes, um der Nachwelt „ein Besitztum für immer" zu hinterlassen. Am Beispiel des Peloponnesischen Krieges, dem großen Militärkonflikt seiner Zeit, entwickelt er einen objektiven, kritischen Zugang zur Geschichte, die er einem neuen philosophischen Verständnis unterordnet. Das Denkmal an der Staatsbibliothek zeigt ihn mit einem Griffel in der rechten und einer Tafel in der linken Hand.

Der Zweite von links ist **Homer**, dargestellt in andächtiger Pose mit einer Leier, die er mit der rechten Hand zupft. Dieser Grieche wird als erster Dichter des Abendlandes und damit als Begründer der ältesten literarischen Gattung gefeiert. Seine Werke prägen das Götter- und Menschenbild der Griechen und beeinflussen Philosophen und Geschichtsschreiber. Beispielsweise schildert er in seinem Werk „Ilias", das im Trojanischen Krieg spielt, den Zorn des griechischen Helden Achilleus und beschreibt in der „Odyssee" die Irrfahrten von Odysseus nach dem Trojanischen Krieg.

Aristoteles sitzt auf dem dritten Sockel. Er umgreift mit der rechten Hand eine Schriftrolle. Sonst ist der Begründer der politischen Wissenschaft meist mit der

Handfläche zum Erdboden abgebildet. Der Gerechtigkeitstheoretiker rechtfertigt die Bürgerpolitik, die ein Miteinander-Reden und Sich-Beraten gleichberechtigter Bürger anstelle einer Expertenherrschaft vorsieht. Eine zentrale Rolle spielt dabei das Glück. In seinen Theorien beschreibt er, dass Glückseligkeit das oberste Ziel menschlichen Handelns sei und nicht durch Zufall, sondern aus eigener Kraft erreicht werden könne. Dazu gehöre zum Beispiel ein gesundes Maß an Selbstliebe, denn wer mit anderen befreundet sein will, muss erst einmal sich selber Freund sein.

In Denkerhaltung, den Kopf auf die rechte Faust gestützt, mit einem ausgerollten Schriftstück in der linken Hand vollendet **Hippokrates** das Quartett. Dieser Mediziner wird schon zu Lebzeiten verehrt. Er gilt als bedeutendster Arzt der Antike und als Begründer der Medizin als Wissenschaft. 400 v. Chr. revolutioniert er die herkömmliche Ärztekunst, die sich bislang auf Götter und Magie berief. Weil für ihn eine Krankheit auf ein Ungleichgewicht hindeutet, fordert er ein Denken in Zusammenhängen und beurteilt den Menschen in seinem Verhältnis zur Umwelt.

Gemeinsam verweisen der Geschichtsschreiber, der Dichter, der Philosoph und der Arzt auf die Vielfalt der Wissenschaften. Mit dem Ziel, deren Literatur zu sammeln, war die einstige „Hofbibliothek" vor mehr als 450 Jahren im Alten Hof eröffnet worden. Um den

Ludwigstraße 16

repräsentativen Neubau an der Ludwigstraße zu zieren, fertigte Bildhauer Ludwig von Schwanthaler Modelle zu den Figuren an. Heute befinden sich allerdings Nachbildungen auf der Freitreppe. Die Originalfiguren aus dem 19. Jahrhundert sind an den Chiemsee verbracht. Sie waren im Zweiten Weltkrieg beschädigt worden und stehen heute in einem Schulhof in Bernau.

Führt die Donnersbergerbrücke nach Donnersberg? 17

Der Ort Donnersberg ist im Münchner Raum auf keiner Landkarte zu finden. Im Gegensatz zur Friedenheimer Brücke, die Neuhausen mit der Siedlung Friedenheim verbindet, ist die oberirdische Verbindung zwischen Schwanthalerhöhe und Neuhausen nicht nach einer Örtlichkeit benannt. Der Name erinnert an Joachim Freiherr von Donnersberger. Er gehörte einem alten Münchner Patriziergeschlecht an und war im 17. Jahrhundert 51 Jahre lang Oberstkanzler unter dem Herzog und späteren Kurfürsten Maximilian I.

Mit scharfem Verstand, Verhandlungsgeschick und einem hohen Maß an Verantwortungsgefühl macht sich Donnersberger als bayerischer Staatsmann einen Namen. Bereits mit 26 Jahren tritt er nach dem Studium der Rechtswissenschaft in den Dienst jenes Herrschers, der den Münchnern aus dem Glockenspiel am Rathaus bekannt sein dürfte: Herzog Wilhelm V. Bei ihm steht Donnersberger, der seinerzeit unter anderem als Regierungskanzler in Landshut fungiert, in hoher Gunst. Auch Wilhelms Nachfolger Maximilian I. beauftragt ihn mit vertraulichen Missionen und wichtigen öffentlichen Verhandlungen.

Als Donnersbergers Einberufung in den Geheimen Rat, in dem damals politische Fragen erörtert werden, im Raum steht, rät die Hofkammer davon ab. Man müsse sparen. Trotzdem erfolgt 1598 die Aufnahme – inklusive 1.000 Gulden Gehalt und Futtergeld für

zwei Pferde. Ein Jahr später wird Donnersberger zum Obersten Kanzler ernannt. Selbst Maximilian – für seine eigenmächtigen Entscheidungen bekannt – lässt ihm freie Hand bei verschiedensten Korrespondenzen und der Erstellung komplizierter Gutachten. Sogar zum ersten Bundestag in Würzburg schickt ihn der bayerische Herrscher als Stellvertreter. Donnersberger stirbt 1650 und hinterlässt ein ansehnliches Vermögen. An ihn erinnern in München die Donnersbergerbrücke und die Donnersbergerstraße in Neuhausen.

Wie wird das Haus mit der Kuppel genutzt?

18

Fahrgästen auf der S-Bahnstammstrecke sticht an der Donnersbergerbrücke ein markantes Gebäude ins Auge: mit mattgelber Fassade, roten Dachziegeln und einer extravaganten Glaskuppel, die dem Bauwerk den Spitznamen „Uboot" eingebracht hat. Eingeweiht wurde das Hauptzollamt München 1912. Seine Nutzung hat sich inzwischen gewandelt. Das Gebäude beheimatet das Zollfahndungsamt München sowie die Finanzkontrolle Schwarzarbeit. Hier werden beispielsweise Groß-Razzien auf Baustellen vorbereitet, um illegale Beschäftigungen aufzudecken. Außerdem verfügt das Zollfahndungsamt München über die bundesweit einzige kriminaltechnische Untersuchungsstelle für Waffen.

Von außen wirkt der unbewohnte Teil der Anlange zwischen Landsberger Straße, Bahngleis und Donnersbergerbrücke recht verwaist. An der Nordseite reihen sich im Erdgeschoss blinde Fenster aneinander, das Eulen geschmückte Seitenportal mit Pförtnerklingel hat schon seit Jahren niemand mehr geöffnet. Gold auf Grau ist über dem Eingang zu lesen: „Technische Prüfungs- und Lehranstalt der Verwaltung der Zölle und indirekten Steuern". Wo sich heute Staubberge türmen, ging es früher lebhaft zu. Umgeben von Wägezimmer, Mikroskopierzimmer und Bibliothek haben Bedienstete Warenproben untersucht, Gutachten über eingeführte Güter erstellt sowie Anwärter des Zoll- und Steuerdienstes ausgebildet.

Als Prinzregent Luitpold Anfang des 20. Jahrhunderts den Bauauftrag für das Hauptzollamt gibt, zieht Baumeister Hugo Kaiser alle Register. Die siebengeschossige, 180 Meter lange Halle entlang der Bahngleise wird nicht nur aus funktionalen Gründen so großräumig gebaut. Der gesamte Prachtbau auf dem Areal, das siebenmal so groß ist wie der Marienplatz, soll zugleich den Reichtum des Königreichs Bayern unterstreichen. Ein Symbol für bayerische Finanzhoheit, ausgestattet mit neuesten technischen Errungenschaften. Bis zu 31 Waggons können im Nu entladen werden, die Waren gelangen vom Gleis direkt in die Lagerhallen, wo sie zolltechnisch behandelt werden.

Die in Eisenbetonbauweise errichtete Zollabfertigungshalle erhält eine Entstaubungs-, Lüftungs- und Ferndampfheizanlage sowie einen Feuermelder, elektrische Uhren, eine Druckluft-Rohrpostanlage und ein Telefonnetz für interne und externe Gespräche. Allein der Eingangsbereich wird mit Stuckornamenten und einem allegorischen Deckengemälde versehen, die Schalterhalle mit einem roten Mosaikfußboden ausgeschmückt. Und damit die Mitarbeiter angesichts der damaligen Wohnungsnot vernünftig untergebracht sind, verfügt die kleine Zoll-Welt über Wohngebäude mit Innenhöfen.

Bei so viel Anmut und Fortschritt lässt sich nach der Fertigstellung auch die Münchner Presse zu Lobeshymnen hinreißen. „Von außen gefällig, von innen zweckdienlich und mit allen Errungenschaften der Neuzeit ausgestattet" – so beschreibt ein Reporter den Komplex. Er nennt ihn „eine neue Zierde für München". Das Bauwerk zeige, wie Geschmack und Brauchbarkeit, Komfort und technische Vollkommenheit auch bei Staatsbauten vereinbar sind. Das führt ihn zu der Annahme: „Wenn auch kein Kaufmann gerne Zoll zahlt, fast glaube ich, dass er wenigstens den Neubau an der Landsberger Straße lieb gewinnen und gerne besuchen wird."

Wenige Jahre nach Inbetriebnahme müssen während des Ersten Weltkriegs Teile des Gebäudes zum Lazarett mit 1.000 Betten umfunktioniert werden. Im Zweiten Weltkrieg dient das Hauptzollamt als Lebensmittellager, die Wehrmacht bringt einige ihrer Bestände im Lagerhaus unter, ehe Spreng- und Brandbomben das Gebäude an einigen Stellen vom Dach bis zur Kellerdecke durchschlagen. Nach Kriegsende werden die unterirdischen Wein-, Käse- und Tabaklager geplündert, die Amerikaner nutzen einen Teil des Gebäudes als Versorgungslager für die Supermärkte ihrer Armeeangehörigen. Erst als die US-Soldaten 1969 ausziehen, geht das Areal an die Zollverwaltung über. Überlegungen, es zu verkaufen oder ein Hotel einzurichten, werden fallen gelassen. Die Anlage wird unter Denkmalschutz gestellt und renoviert.

Politische Veränderungen in Europa und der Europäische Binnenmarkt haben Aufgaben und Anforderungen der Zollverwaltung verändert. Das „Hauptzollamt Mitte" an der Schwanthalerstraße wurde schon vor Jahren geschlossen. Während die Kriminalbeamten des Zolls nach wie vor ihren Hauptsitz im Westend haben, befindet sich die Dienststellenleitung mit den meisten Abteilungen seit 2007 am Alten Botanischen Garten. Rund 300 Beschäftigte haben derzeit ihren Arbeitsplatz im Hauptzollamt an der Landsberger Straße, unter ihnen Zollfahnder sowie Bekämpfer von Schwarzarbeit und illegaler Beschäftigung. So mancher von ihnen wohnt in einer der insgesamt 71 zum Komplex gehörenden Mietswohnungen, die auf dem freien Markt zu haben sind. Sogar das Pförtnerhäuschen ist bewohnt.

Warum ging St. Paul in die Unglücks-Chronik ein? 19

Immer wieder erschüttern tragische Ereignisse das Stadtleben und rücken vermeintliche Probleme ins Abseits. Ohne Dokumentationen von Tiefpunkten wie dem Oktoberfest- und dem Olympia-Attentat müsste man sich heute auf Erzählungen stützen, deren Überlieferung in der Fantasie oft Blüten treibt. Da werden die fünf Schwabinger Krawallnächte auf fünf Wochen ausgedehnt, dem „Nikolaus-Räuber" wird die Identität des Bogenhauser Geiselgangsters zugeschrieben, und an der Paulskirche bedauerte schon so mancher Münchner vor ergriffenen Zuhörern irrtümlicherweise den Absturz der Mannschaft von Manchester United. Aber St. Paul an der Theresienwiese steht im Zusammenhang mit einer anderen Katastrophe: Hier streifte ein amerikanisches Militärflugzeug den Kirchturm und stürzte auf eine voll besetzte Tram. 52 Menschen kamen dabei ums Leben.

St.-Pauls-Platz 10

So ging der 17. Dezember 1960 in die Unglücksgeschichte ein. Für die Flugbranche steht dieser Tag von Anfang an unter keinem guten Stern. Wegen schlechter Sicht bleiben die Lufthansa-Maschinen an diesem trüben Samstag am Boden, doch der Kurier-Flieger der US-Luftwaffe hebt am frühen Nachmittag in Riem zum Weiterflug nach London ab. Kurz nach dem Start funkt der Kapitän einen Notruf, der auf einen Motorschaden hindeutet. Als Ausweg bleibt nur noch der Rückflug in einer großen Schleife zum Flughafen oder die Notlandung auf der Festwiese. Die Maschine fliegt tief, bleibt mit einer Tragfläche am Kreuz der Kirchturmspitze hängen, schlittert über ein Haus, streift eine Tram und zerschellt am Hackerberg. Tausende Liter Flugbenzin entzünden sich und verwandeln die Martin-Greif-Straße in eine Flammenhölle. Nur knapp hat die Maschine eine Tankstelle mit unterirdischen Benzinkesseln verfehlt. Qualm, Gestank und Schreie durchdringen das ganze Stadtviertel. Eine Szene wie im Krieg. Für alle 20 Flugzeuginsassen und 32 Trambahnfahrgäste kommt jede Hilfe zu spät, fast alle verbrennen bis zur Unkenntlichkeit. Mehrere Menschen werden zum Teil schwer verletzt.

Noch am selben Abend kündigt Oberbürgermeister Hans-Jochen Vogel an, endlich eine Verlegung des Flughafens ernsthaft zu erwägen, um das An- und Abfliegen über der Stadt zu verhindern. Tags darauf wird für die 52 Toten, unter ihnen 13 amerikanische Studenten und sieben Besatzungsmitglieder, eine Trauerfeier am Ostfriedhof abgehalten. Bis Weihnachten werden alle Veranstaltungen in München abgesagt.

Erst zwei Jahre zuvor hatte im nasskalten Winter 1958 eine Flugzeugkatastrophe in Riem große Trauer ausgelöst. Die Fußballmannschaft von Manchester United war gerade auf dem Heimweg von einem Europa-Pokalspiel in Belgrad, als sie in Riem einen Zwischenstopp einlegt, um aufzutanken. Dort wird der Flug für die Charter-Maschine um kurz nach 15 Uhr freigegeben. Auf der mit Schneematsch bedeckten Rollbahn scheitern zwei Startversuche, der dritte endet im Chaos. Die Maschine kann sich im Schneetreiben nicht vom Boden lösen, schlittert mit eingezogenem Fahrwerk über die Startbahn hinaus, durchbricht den Begrenzungszaun des Flughafens und zerschmettert an einer Hausmauer. Aus den Trümmern werden 21 Tote geborgen, zwei der 44 Insassen sterben später im Krankenhaus. England verliert acht seiner gefeierten Fußballstars.

Diese Katastrophe gibt den Flughafenplanern neuen Antrieb. Während die Wortführer damals noch um eine Verlängerung der Startbahn kämpfen, bringt das Unglück an der Paulskirche Diskussionen über einen neuen Flughafen in Gang. Es dauert bis 1992, ehe der neue Münchner Flughafen im Erdinger Moos in Betrieb gehen kann.

Diente die Praterinsel als Volksfestplatz?

Da hat München eine Praterinsel – aber von Karussellen, Geister- und Achterbahnen, Falltürmen und Automaten-Spielhallen fehlt jede Spur! Es gibt nicht einmal ein Riesenrad. Dabei lässt die Bezeichnung Gemeinsamkeiten mit dem Wiener Vergnügungspark vermuten, der schon im 18. Jahrhundert zum Zentrum der Unterhaltung geworden ist. Warum heißt die bebaute Isar-Oase dann Praterinsel?

Die Benennung, die sich begrifflich vom lateinischen pratum (Wiese) beziehungsweise vom italienischen prato (Flussaue) herleitet, geht tatsächlich auf das Schausteller- und Vergnügungsgewerbe zurück. Dort, wo einst Franziskaner-Mönche einen Erholungs- und Nutzgarten angelegt hatten, eröffnet Anton Gruber 1810 seine „Praterwirtschaft". Mit Attraktionen lockt er Besucher auf die 500 Meter lange und 100 Meter breite Fluss-Insel. Er gestaltet einen Park, nimmt ein Karussell in Betrieb, sein Sohn erweitert die Anlage um einen Tanzpavillon, und die Münchner nennen bald das ganze Areal „Praterinsel". Hier wird flaniert, getanzt und gefeiert.

Doch nichts ist für die Ewigkeit. Als das Interesse nachlässt, muss Grubers Sohn das Anwesen versteigern, der Park wandelt sich zu einem Gewerbegebiet. Jetzt führt Likörfabrikant Anton Riemerschmid Regie. Er verlegt seine Weingeist-, Spiritus-, Likör- und Essigfabrik auf die Insel und brennt Spirituosen, die weit über die Stadtgrenzen hinaus in aller Munde sind. Noch in den Goldenen Zwanzigern lädt Riemerschmids Enkel Wissenschaftler, Literaten, Künstler und Politiker zu Vorträgen und Konferenzen auf die Insel.

Später kauft ein privater Investor den Fabrik-Komplex, um darauf ein Luxushotel zu errichten. Weil die Stadt sein Vorhaben ablehnt, macht er sich für Künstler stark und lässt im alten Werkstattgebäude Ateliers einrichten. In der ehemaligen Füllhalle, im Wurzelkeller und im Zollgewölbe werden fortan Ausstellungen präsentiert und Partys gefeiert. 2005 müssen alle 40 Künstler weichen, die ansässige Veranstaltungsagentur hält sich noch drei Jahre. Dann liegt das Kleinod zwei Jahre brach. Der neue Eigentümer, eine Augsburger Immobilienfirma, verpachtet die Räumlichkeiten an eine Event-Agentur, die schon länger ihren Sitz auf der Insel hat und den Verfall des Kulturguts nicht mitanschauen will. Jetzt ergreifen die Veranstaltungsunternehmer die Initiative. Um Künstlern das kostspielige Gelände erschwinglich zu machen, gewähren sie bei der Vermietung je nach Einzelfall einen Kulturrabatt von bis zu 70 Prozent. So ist die Praterinsel heute noch eine Insel fürs Volk. Hier gibt es Ausstellungen, Open Air Inszenierungen, Fußballübertragungen, Mode- und Weinmessen, es werden Hochzeiten, Studenten- und Halloweenpartys gefeiert sowie Oster-, Kunst- und Christkindlmärkte abgehalten. Beliebt sind auch die romantischen Tango- und Salsa-Abende, und im Sommer können die Besucher auf dem umfunktionierten Freigelände in Liegestühlen am „Nektar Beach" beim Rauschen der Isar Cocktails genießen. Außerdem hat das Kultusministerium auf der Insel die Stiftung Bayerischer Gedenkstätten untergebracht und die Landeszentrale für politische Bildung eingerichtet. Freunde der Bergwelt können auf der Insel das Alpine Museum und die Bibliothek des Deutschen Alpenvereins besuchen.

Warum ist das Hasenbergl so verrufen? 21

Der Name Hasenbergl klingt so vertraut wie Stiglmaierplatz, Theresienwiese, Nockherberg oder Hirschgarten. Doch nichts ist der Mehrheit der Münchner fremder. An der Abneigung gegenüber diesem Stadtteil ändern auch die beschönigenden Ersatz-Ausdrücke „Bunny Hill" und „Monte Karnickel" nichts. Ein Ausflug ins Hasenbergl? Freiwillig kommt kaum ein Münchner ins Viertel. Wer sich als Hasenbergler zu erkennen gibt, provoziert Gesprächspartner oft nur zu einem abfälligen und viel sagenden „Aha". Rechtfertigungen, dass es sich dort schon gut leben lässt, überzeugen selten. Warum hat das Hasenbergl einen so schlechten Ruf?

Wer seine Vorurteile bestätigt sehen will, kann in die augenscheinlich anonyme Wohngegend sämtliche Glasscherben-Viertel-Klischees hinein interpretieren. Für düstere Geschichten, die man vom Hörensagen kennt, finden sich in einer solchen Gegend dankbare Schauplätze. Allein mit dem Balkangrill im funktionalen Flachbau gegenüber der Pfarrkirche St. Nikolaus, dem Karpa Süpermarket nahe der schlichten Walk-of-Hasenbergl-Säule und den türkischen Reklametafeln lassen sich in Hasenbergl-Nord Hinweise auf ein „typisches Ausländer-Viertel" erkennen. Da ringt das dekorative Teddybär-Bild, das zu Werbezwecken im Großformat an einer Hauswand prangt, vorbeirollenden Autofahrern eher ein müdes Lächeln ab. „Wir vermieten Heimat" lautet seine Botschaft. Heimat – der Begriff scheint für eine Trabantensiedlung unpassend.

Dabei ist das vermeintliche Ghetto-Viertel viel grüner, freundlicher und sauberer als ihm nachgesagt wird. Graffity-Schmierereien, Müll und Junkies findet man andernorts häufiger. Das Hasenbergl hat seine schönen Seiten. Holundersträucher, Birken, Ahorn- und Kastanienbäume begrünen im Sommer die Freiflächen, auf gepflegten Wiesen spielen Buben zwischen den Reihenhäusern Fußball, Mütter treffen sich an den Spielplätzen, Erholungsbedürftige lassen auf der Panzerwiese die Seele baumeln. Auch der Tankstellenbetreiber, der seit mehr als 20 Jahren im benachbarten Feldmoching arbeitet, versichert, „dass das Hasenbergl nicht so schlimm ist, wie es immer dargestellt wird". Seine Tankstelle sei zwar schon einmal überfallen worden, „aber nicht von Leuten vom Hasenbergl".

Die wenigsten Münchner wissen, dass es im Hasenbergl ganze Straßenzüge mit Ein- oder Mehrfamilienhäuschen gibt, die sich durch rote, spitze Ziegeldächer auszeichnen sowie durch hölzerne oder schmiedeeiserne Balkone und Blumen geschmückte Gärten mit Obstbäumen, Liegestühlen und Bildhauerstatuen – vom Bayernlöwen bis zum meditierenden Buddha. Der Stadtteil hat längst an Wohnqualität gewonnen.

Entstanden war die Siedlung auf dem Kaninchenberg, wo bayerische Kurfürsten einst auf Karnickeljagd gingen. 1960 legt Oberbürgermeister Hans-Jochen Vogel den Grundstein für 5.500 Wohnungen, die zunächst in erster Linie für kinderreiche Familien, sozial Schwache, Flüchtlinge und Zugezogene bestimmt sind. Bagger rücken an und ebnen den Hügel, der Feldmochinger Kindern als Ski- und Schlittenberg diente, Bauarbeiter beginnen mit dem Häuserbau.

Den schlechten Ruf hatte das Viertel längst vor der Bebauung. Er geht auf das „Frauenholz" zurück. In diesem Wäldchen werden vor dem Zweiten Weltkrieg sichtgeschützte Baracken für Kursteilnehmer der Fliegertechnischen Schule Schleißheim aufgestellt. Nach Kriegsende ziehen ehemalige Zwangsarbeiter, befreite KZ-Häftlinge und Soldaten der russischen Befreiungsarmee in die Barackensiedlung. Bis in die 1950er Jahre hausen hier ein paar tausend Menschen aus rund 50 Nationen unter primitiven Bedingungen auf engstem Raum. Dann kauft die Stadt das verwahrloste Flüchtlingslager dem Staat ab und bringt darin Obdachlose unter. Das „Städtische Wohnlager Frauenholz" – ein Elendsquartier mit hoher Selbstmordrate.

In den 1990er Jahren lässt die Stadt die Siedlung Hasenbergl sanieren und schafft weitere Sozialwohnungen, in die vorwiegend Arbeitslose einziehen. Der Ausländeranteil nimmt stark zu. Das bringt Schwierigkeiten in den Schulen mit sich. Die hohe Zahl an Kindern, die schlecht oder kaum deutsch sprechen, drücken das Niveau im Unterricht. Weil von vielen Eltern der Rückhalt fehlt, fällt es Lehrern schwer, die Schüler zum Lernen anzuspornen. Zahlreiche Eltern ohne Migrationshintergrund schicken ihre Kinder lieber in anderen Stadtteilen zur Schule. Das macht behördliche Versuche, eine „gesunde Mischung" herzustellen, zunichte.

Das Umfeld vieler Jugendlicher ist geprägt von Arbeitslosigkeit, Bildungsarmut und der Abhängigkeit von sozialen Hilfen. Erwerbstätige Vorbilder fehlen. Trotz allem gilt das Hasenbergl nicht mehr als sozialer Brennpunkt. Bestand es ursprünglich zu 100 Prozent aus Sozialwohnungen, so sind es jetzt nur noch halb so viele. Mit einem Ausländeranteil von fast 27 Prozent liegt der Bezirk Feldmoching-Hasenbergl auf Platz sechs im Stadtgebiet, die Kriminalitätsbelastung sank innerhalb der vergangenen 20 Jahre von gut 3.000 Delikten auf unter 2.000. In der Innenstadt und in schicken Ausgehvierteln wie Schwabing gibt es weit mehr Diebstahl- und Gewaltdelikte.

Projekte wie das Programm „Soziale Stadt" und „Lernen vor Ort" zeigen Wirkung. Es gibt etliche

Kulturzentrum 2411 der Stadtbezirke 24: Feldmoching-Hasenbergl und 11: Milbertshofen-Am Hart an der Blodigstraße 4

Einkaufsmöglichkeiten, durch U-Bahn und Bus ist das Viertel gut erschlossen, und seit der Eröffnung des Kulturzentrums mit Stadtbibliothek, Volkshochschule und Stadtteilkultur e.V. im Herbst 2012 hat das Viertel eine neue Ortsmitte. Verleugnen muss seinen Wohnort kein Hasenbergler mehr.

Was hat das Einhorn mit Sendling zu tun?

Die ungewöhnliche Fassadengestaltung ist ein Hinweis auf die stattliche Traditionsgaststätte Löwenhof, die in der Nachbarschaft bis in die 1920er Jahre in Betrieb war, sowie auf das Wappen der im Mittelalter ausgestorbenen Familie der Sendlinger.

In den Anfängen der Siedlung des germanischen Sippenchefs Sentilo spielt das Einhorn-Symbol noch keine Rolle. Es taucht erst im Zusammenhang mit den Kreuzzügen auf. In kriegerischen Auseinandersetzungen zwischen verschiedenen Völkern ist es seit dem Altertum der Brauch, Schilde und Fahnen mit Zeichen und Figuren zu versehen. Ab Mitte des zwölften Jahrhunderts tragen nicht nur Herrscherhäuser Symbole auf ihren Schildern, auch Kreuzfahrer führen Wappen auf ihren Schutzwaffen, um Freund und Feind zu unterscheiden. Als Mitglieder des hohen Verwaltungsgremiums „Innerer Rat" verfügt die einflussreiche Patrizierfamilie der Sendlinger schließlich über das Siegelrecht und ein eigenes Wappen. Das Erkennungsmerkmal auf ihrem schwarzen

Ein offizielles Wappen hat Sendling nicht. Hätte es eines – das Motiv läge auf der Hand: ein goldenes Einhorn auf schwarzem Hintergrund. Das wilde, ungezügelte Fabeltier in Pferdegestalt ist so eng mit dem Stadtteil verbunden, dass es heute noch als Verzierung auf einer Tafel am Maibaum vor der Alten Sendlinger Kirche nicht fehlen darf. Auch an der Jugendstilfassade des Hauses Nummer 13 am Harras hat ein Künstler vor mehr als 100 Jahren zwei skurrile Löwenköpfe mit Einhörnern angebracht. Welchen Bezug hat das Fantasiegebilde zu Sendling?

Schild ist ein aufspringendes goldenes Einhorn mit gespreizten Vorderbeinen und einem nach unten gerichteten roten Horn als Waffe.

In der Wappenkunde symbolisiert das Einhorn in erster Linie die königliche Rechtsprechung. Es gilt als das edelste aller Fabeltiere und steht als Symbol für das Gute. Es heißt, dass es nur diejenigen Menschen erkennen können, die an Einhörner glauben, alle anderen sehen nur ein gewöhnliches Pferd. Mit seinem schneckenartig gedrehten, vorne spitz zulaufenden weißen Horn kann es Feinde bekämpfen, Kranke heilen und Tote zum Leben erwecken. Dem Mythos zufolge lösen Tränen eines Einhorns Versteinerungen, wer sein Blut trinkt, wird unsterblich, führt aber von diesem Moment an ein unglückliches, verfluchtes Leben.

Seinen Ursprung hat das Einhorn vermutlich in der griechischen Mythologie: Der oberste olympische Gott Zeus schlägt einer Ziege ein mit magischen Kräften gesegnetes Horn ab und nutzt es als Füllhorn. Um den Stolz und das Edle des auf diese Weise entstandenen Einhorns zu verdeutlichen, gibt man ihm den Körper eines Pferdes. Das Füllhorn, das in erster Linie als Attribut der Göttin Fortuna zu finden ist, symbolisiert das Glück und ist mit dem Glauben an ein Leben im Überfluss verbunden – passend zu den Sendlingern, deren Sippschaft unter den Münchnern als reichste und mächtigste Patrizierfamilie angesehen war.

Ist die Lindwurmstraße nach einem Ungeheuer benannt?

23

Josef von Lindwurm (1824 – 1874)

Früher waren die Münchner extrem abergläubisch. Für alles brauchten sie eine Erklärung und einen Sündenbock. Mal waren Hexen schuld an einem Unglück, mal Juden, mal der Teufel. Während einer schweren Pestepidemie war es ein Lindwurm.

Vor ein paar Jahrhunderten, so ist es überliefert, herrscht in München die Furcht vor der Pest. Die Einwohner verstecken sich in ihren Häusern aus Angst vor einem Ungeheuer, das mit riesigen Flügeln über den Dächern der Stadt fliegt und seinen giftigen, todbringenden Pesthauch in die Häuser und Gassen bläst. Es beginnt ein großes Sterben, das Arm und Reich, Alt und Jung in den Tod reißt. Langsam, aber unaufhaltsam wird die lebensfrohe Stadt entvölkert. Eines Tages scheint es, als möchte das Ungeheuer das Leid und Unglück genüsslich aus nächster Nähe beobachten. Also landet es auf dem Marktplatz. Und da gelingt es todesmutigen Männern der Hauptwache, es mit einem einzigen, gezielten Kanonenschuss zu töten. Die Stadt ist gerettet. Zur Erinnerung an diese Heldentat wird der Lindwurm, der als drachenartiges Fabelwesen aus der germanischen Mythologie anzusehen ist, später am linken Rathauseck verewigt.

Wer diese Sage hört – dem fällt dazu meist die Lindwurmstraße ein. Allerdings hat sie mit dem Ungeheuer nichts zu tun. Vielmehr erinnert sie an einen Arzt vom Klinikum links der Isar: Josef von Lindwurm.

Schon bevor der gebürtige Aschaffenburger nach München kommt, beschäftigt er sich intensiv mit der Infektionskrankheit Syphilis. In der Residenzstadt vertraut man ihm die Leitung der dermatologischen Abteilung des „Allgemeinen Krankenhauses zu München" an. Außerdem wird Josef von Lindwurm 1869 Direktor der Universitätsklinik für Innere Medizin in der Innenstadt. Auch hier engagiert er sich vor allem bei der Bekämpfung von Typhus und Syphilis. Wegen seiner überragenden Leistungen wird der Arzt zwei Jahre vor seinem Tod in den Adelsstand erhoben. Lindwurm stirbt 1874 im Alter von 50 Jahren an einer Lungenentzündung.

Mit der Umbenennung der Alten Straße nach Sendling in „Lindwurmstraße" würdigt die Stadt Lindwurms Verdienste in der medizinischen Forschung.

Was macht die Sendlinger-Tor-Resl am Rathaus?

24

Das Münchner Rathaus beeindruckt allein durch sein imposantes Erscheinungsbild. Es lohnt sich aber ein Blick aufs Detail. Über die gesamte Fassade verteilen sich Standbilder bayerischer Herzöge, Kurfürsten und Könige, allegorische Statuen und originelle Wasserspeier. Frauenfiguren sind definitiv unterrepräsentiert. Es finden sich 42 Mannsbilder – von Ludwig dem Kelheimer, dessen Ehefrau Ludmilla das weißblaue Rautenmuster ins Hause Wittelsbach brachte, über Ludwig den Strengen, der seine Frau aus Eifersucht köpfen ließ, bis hin zu Herzog Ernst, der die ertränkte Agnes Bernauer auf dem Gewissen hat. Fast alle weiblichen Figuren stellen abstrakte Begriffe dar, zum Beispiel Armenpflege, Freiheit, Vaterlandsliebe, Wohltätigkeit und Geschwätzigkeit. Als Vorbild für eines der Bildhauerkunstwerke musste ein Münchner Unikum herhalten: die Sendlinger-Tor-Resl.

Weil sie für ihr loses Mundwerk bekannt war, schien sie dem Baumeister als Wasserspeier gerade recht. Als würden ihre derben Ausdrücke noch immer aus ihrer weit aufgerissenen „Goschen" heraussprudeln, speit ihr steinernes Abbild bei Niederschlägen Regenwasser in den Prunkhof. Dargestellt ist sie barfuß, mit Kopftuch und wehklagender Mimik. In gebückter Haltung stützt sie sich auf einem Kehrbesen ab. Zu finden ist die Figur oberhalb einer Kellnerin am Wendeltreppenturm im Innenhof, von der Donisl-Seite (Weinstraße) kommend der dritte Wasserspeier am Verlauf der zweiten Regenrinne.

Zu lokaler Berühmtheit gelangt Therese Glas, so ihr bürgerlicher Name, vor mehr als 100 Jahren. Besen und Schaufel gehören damals zu ihren wichtigsten Requisiten. Als Straßenkehrerin leistet die kleine Frau der Stadt 50 Jahre lang treue Dienste. In ihrem Reinigungsrevier rund um das Sendlinger Tor ist sie in ihrem Element. Hier müssen sich vor allem hochdeutsch sprechende Fremde, die der Sendlinger-Tor-Resl in die Quere kommen, in Acht nehmen. Wer ihre Ansichten nicht teilt, muss darauf gefasst sein, dass sie gnadenlos ihr bayerisches Schimpfwörter-Repertoire abfeuert und bedrohlich mit dem Kehrbesen herumfuchtelt. Für einheimische Augenzeugen ein Hochgenuss! So liefert die kauzige Mitbürgerin jede Menge Gesprächsstoff. Auch bei Faschingsumzügen lässt sie sich nicht lumpen und marschiert in voller Montur samt Schaufel und Besen mit.

Sogar der Münchner Magistrat muss Bekanntschaft mit der unbeugsamen Taglöhnerswitwe machen. Als um 1900 vom Abriss des Sendlinger Tors die Rede ist, hat die Obrigkeit die Rechnung ohne die Sendlinger-Tor-Resl gemacht. Die Resl, die viele Jahre im Tor-Anbau wohnt, verteidigt ihr Revier so eisern, dass sie sich später damit rühmt, nur ihr sei es zu verdanken, dass das Stadttor noch steht. Außerdem gibt sie damit an: Der Rathaus-Baumeister Herr Hauberrisser habe sie als Wasserspeier am Neuen Rathaus anbringen lassen! Die „Straßenresl" – ein Kunstwerk für die Ewigkeit.

Ein Unikum wie sie bleibt lange in Erinnerung. Noch nach ihrem Tod 1908 im Alter von 80 Jahren liefern ihre Eigenheiten kabarettistische Vorlagen bei Veranstaltungen, und bei Faschingsumzügen sind etliche Maschkera als Sendlinger-Tor-Resl unterwegs.

25 Was wusste der Fleckerl-Peter vom Rindermarkt?

Vom Juhu-Sepp über den narrischen Maxl, den Oachkatzlbaron bis hin zur Schiena-Ramma-Resl hausten früher in München allerhand schrullige Leute. Eigenheiten, Tätigkeiten oder optische Besonderheiten brachten den Sonderlingen Spitznamen ein. Wenn jemand lästige Ratten loswerden wollte, musste der Ratzenklauber Fichtl herhalten, wer Bauchweh hatte, ging zum Kräuterdoktor Mutzenbauer, und Neugierige bekamen zu hören: „Geh' zum Fleckerl Bäda am Rindermarkt." War dieser Mann allwissend?

Im 16. Jahrhundert wohnt am Rindermarkt ein alleinstehender Schneider, der mit bürgerlichem Namen Peter Wirrlein heißt. Weil er nicht zu den Fleißigsten zählt, hat er jede Menge Freizeit. Statt Bücher zu lesen oder sich nützlich zu machen, steckt er seine Nase in Angelegenheiten anderer Leute. Wo immer sich eine Gruppe unterhält, sperrt er die Ohren auf und fragt: „Wos gibt's Neis?" Dann spielt er sich als Besserwisser auf, reimt sich eigene Wahrheiten zusammen und verbreitet Geschwätz. Bald schon spotten die Münchner über den Herrn der Gerüchteküche. Sobald sie ihn erblicken, stellen sie das Gespräch ein oder reden übers Wetter. Durch Tratschereien in ihrer Ehre verletzt, schwören zornige Mitbürger schließlich Rache.

Sie stellen dem neugierigen Außenseiter eine Falle. Heftig gestikulierend diskutieren sie vor seinem Haus, da kommt er auch schon angewetzt und gesellt sich geschäftig dazu. „Eine Verschwörung ist im Gange", flüstern sie. Der Eisenmann Kunz wolle Verrat an Herzog Albrecht V. üben. Er und seine Verschwörerbande trügen als Erkennungszeichen ein rotes Flecklein am Rücken. Während sie geheimnisvoll munkeln, heften sie dem Peter Wirrlein ein rotes Tuch an. Voller Sensationsgier saugt er jedes Wort auf und stiefelt sofort zum Alten Hof, um die hochwichtige Kunde zu überbringen. Aufgebracht petzt er dem Herzog den geplanten Hochverrat. Der Herzog, eingeweiht in den Schabernack, fragt nach dem Merkmal des Verbrechers. „Auf dem Rocke trägt er ein rotes Fleckerl", antwortet der mitteilungsbedürftige Untertan. Daraufhin packt der anwesende Stadtschreiber den Wichtigtuer beim Kragen und deutet auf das Tuch am Rücken. „Wie Ihr Anderen schwarze Flecken auf den guten Leumund geheftet habt, so soll Euch das Rote vor den Augen der Welt gleichfalls bleiben", maßregelt ihn der Herzog. Sogleich lässt er den „weltunnützen Gesellen" zum Marktplatz führen, ihm eine Narrenkappe überstülpen und auf den hölzernen Pranger-Esel setzen. Dem Spott und Gelächter der Münchner ausgesetzt, rufen ihm seine Fallensteller zu: „Peter Flecklein vom Rindermarkt! Erst Narren-Ritter – nun Narr hinter Gitter." Bis in die Abendstunden muss er im Narrenhaus ausharren.

Weil sich der Angeprangerte nach dieser Lektion in München nicht mehr blicken lassen kann, verschwindet er aus der Stadt – und lässt eine Redensart zurück. Wenn ein Neugieriger alles wissen möchte, sagt ihm ein echter Münchner: „Geh' zum Fleckerl Bäda am Rindermarkt."

Wo sind die Glocken vom Glockenbach?

26

Als Künstler, Studenten und Schwule in den 1980er Jahren das Glockenbachviertel in der Isarvorstadt für sich entdecken, fehlt vom Namensgeber ihres Wohnquartiers längst jede Spur. Mit der Zeit wurde dem „Klein-Venedig" das Wasser abgegraben und der Glockenbach unter die Erde verbannt. Der Namensgeber von Bach und Viertel verschwand schon viel früher.

Wo heute hohe Mieten bezahlt werden, lassen sich Jahrhunderte zuvor Kleinhandwerker und Tagelöhner nieder. Die Wasserkraft der Stadtbäche ermöglicht die Ansiedlung zahlreicher Betriebe. Hier eröffnen zum Beispiel die Hofschreinerei, die Stadtzimmerei, Möbelwerkstätten und eine Holzhandlung, die Fässer herstellt. Für Bäcker, Brauer und Müller an der Holzstraße ist die Anlandestelle der Flößer ein wichtiger Treffpunkt. Auch metallverarbeitende Betriebe wählen hier ihren Standort, unter anderen eine Glockengießerei.

Im Glockengusshaus vor dem Sendlinger Tor nahe dem heutigen Alten Südfriedhof werden bereits im 15. Jahrhundert beispielsweise für das Kloster Benediktbeuern Glocken aus Ton hergestellt. Der Standort ist ideal für die Produktion. Wasserkraft ermöglicht die Betätigung eines Blasebalgs für den Brennofen und die mechanischen Hebearbeiten, anschließend kann das fertige Exemplar mit Wasser gekühlt werden. Hier entstehen nicht nur Glocken. Seit Einführung der Feuerwaffentechnik verwendet man das Gussverfahren für Bronze auch beim Kanonenbau. In Kriegszeiten werden Glocken zu Kanonen geschmolzen. Außerdem nutzen Glockengießer die Erfindung des Schwarzpulvers für ihre Zwecke, indem sie untereinander in der Herstellung von Geschützen verschiedener Arten geradezu wetteifern. Sie produzieren Geschützkugeln und Büchsen, weshalb sie anfangs auch als Büchsengießer bezeichnet werden.

Die Leitung des Stadtgießhauses am Glockenbach mit Kalk-Ofen an der Glockenstraße (heutige Pestalozzistraße) übernehmen städtische Amtsleute. Zunächst wird der Augsburger Büchsenmeister Steffen Wiggau für acht Jahre nach München beordert, um hier eine Vielfalt an Büchsen und Kugeln herzustellen. Drei weitere Büchsenmeister folgen ihm nach, ehe Sebastian Rosenkranz fast 30 Jahre lang unter der Berufsbezeichnung „Glockengießer" seinen Dienst verrichtet. Im Tanzhaus und in der Ratsstube setzt er verschiedene Leuchter in Stand, fertigt Büchsen an, gießt Glocken und arbeitet gegen Taglohn im Zeughaus. Noch heute bewahrt das Stadtmuseum eine 2.500 Kilogramm schwere „Rosenkranzglocke" auf. Allerdings geht die Bezeichnung auf ihre eigentliche Funktion während des Rosenkranz-Betens im Dom zurück.

Dass selbst massive Glockenkunstwerke nicht ewig halten, beweist ein Werk des nachfolgenden Büchsenmeisters Jörg Neidhart. Seine Glocke, die der Münchner Dreifaltigkeitskirche gestiftet wird, zerspringt ungefähr 300 Jahre nach ihrer Entstehung und muss neu gegossen werden.

Bis heute im Einsatz sind Erzeugnisse des Allgäuer Rotschmieds und Glockengießers Bartholomäus Wengle, der Anfang des 17. Jahrhunderts mit seiner Familie ins Stadtgießerhaus zieht. Er gilt als Koryphäe auf seinem Gebiet, ihm vertraut man wichtige Aufträge an. Der zehnfache Familienvater darf für die Münchner Karmelitenkirche, die Peterskirche und St. Maria in Ramersdorf Glocken anfertigen, er gießt die Patrona Bavariae für die Westfassade der Residenz und wird mit dem Guss der Frauen- und der Bennoglocke für die Dom-Türme betraut. Damit hat er Anteil an einem der wertvollsten Geläute in ganz Deutschland. Mit Bartholomäus Wengle endet die traditionsreiche Kunst des Glockengießens im Gießhaus vor dem Sendlinger Tor. Aufgrund des Aus- oder Umbaus der Stadtbefestigungsanlagen wird der Komplex 1638 abgerissen und Wengle, der auch nahe der Salvatorkirche ein Glockengießerhaus besitzt, finanziell für den Verlust abgefunden.

Wie auch die zubetonierten Bäche lebt das einst so bedeutungsvolle Unternehmen zumindest namentlich im Szene-Viertel weiter. Umgeben von Handwerksbetrieben und Edelboutiquen, Kneipen und behördlichen Einrichtungen verweisen ein Restaurant, ein Straßenschild, der gemeinnützige Verein „Die Glockenbachwerkstatt" und der FC Glockenbach aus der Bürscherlliga auf die Bedeutung des damals oberirdisch fließenden Bachs, der zu früheren Zeiten über den Angerbach die Innenstadt mit Wasser versorgt hat. Als Abzweigung des Westermühlbachs durchfließt der Glockenbach das Viertel unterirdisch von der Pestalozzistraße auf Höhe Nummer 35 bis zur Blumenstraße und speist den Westlichen Stadtgrabenbach. Was heute im Glockenbachviertel offen plätschert, ist der Westermühlbach.

Warum gibt es in Harlaching ein Griechen-Viertel? 27

München hat viel versprechende Namen. Das „Millionendorf" ist Deutschlands „Heimliche Hauptstadt", eine „Weltstadt mit Herz", die auch als „Isar-Athen" angepriesen wird. So fühlt man sich am Königsplatz wie im alten Griechenland, und in einem Harlachinger Viertel sind etliche Straßen den Hellenen gewidmet. Warum?

Die bayerisch-griechische Freundschaft geht auf König Ludwig I. zurück. Er unterstützt die Griechen im Freiheitskampf, räumt den nach Bayern gekommenen Griechen die Kirche am Münchner Salvatorplatz als orthodoxes Gotteshaus ein und ersetzt das „i" im Wort Baiern durch das „y" aus dem griechischen Alphabet. Außerdem stellt er mit seinem Sohn Otto dreißig Jahre lang den König von Griechenland.

Bei der Benennung von Straßen im neuen Siedlungsgebiet von Harlaching fällt die Entscheidung auf Orte und Plätze, die in der Amtszeit von König Otto eine bedeutende Rolle gespielt haben. So heißt die viel befahrene Verkehrsader, die am Mangfallplatz vorbeiführt, Naupliastraße. Nauplia ist jene Hafenstadt auf dem Peloponnes am Argolischen Golf, wo Otto von Bayern 1833 erstmals griechischen Boden betritt. Der Ort wird die erste Hauptstadt im neuen Königreich. Sowohl die Athener Straße, die zum Perlacher Forst führt, als auch der Athener Platz sind nach der „Wiege der Demokratie im Abendland" benannt. Athen wird 1834 zur Hauptstadt erhoben und bleibt Ottos Regierungssitz bis zu seiner Absetzung.

Die Bozzarisstraße würdigt die Leistung des griechischen Freiheitskämpfers Costa Bozzaris. Er ist Mitglied der Abordnung, die nach dem erfolgreichen Kampf der Griechen gegen die Fremdherrschaft der Osmanen dem bayerischen Königssohn den Thron anbietet. Mit Zustimmung der Großmächte wählt die griechische Nationalversammlung den damals 17-Jährigen zum König der Griechen – ein Ereignis, an das die Griechenstraße und der Griechenplatz erinnern sollen.

Auf einen bayerischen Staatsminister geht die Armanspergstraße zurück. Josef Ludwig Graf von Armansperg steht in den Anfangsjahren des damals noch minderjährigen Otto dem ersten Regentschaftsrat vor und trägt dazu bei, in Griechenland die Grundlagen einer modernen Staatsverwaltung zu legen. Die Athosstraße hingegen verweist auf den Berg auf der nordgriechischen Halbinsel Chalkidike mit Klöstern und einer autonomen Mönchsrepublik.

Dass die Wahl bei der Vergabe von griechischen Straßennamen Anfang des 20. Jahrhunderts auf Harlaching fällt, könnte auf einem Vorschlag aus dem Hause Wittelsbach beruhen. Möglich ist, dass Prinz Otto bei seiner Abreise aus München durch dieses Gebiet geritten ist.

Soweit überliefert ist, reist der junge Adelige ein paar Monate nach seiner Ernennung zum Griechen-König auf der Rosenheimer Landstraße durch das heutige Ottobrunn, dem er als Namenspatron dient, über Rosenheim und Innsbruck nach Italien an die Adria, wo er das Schiff nach Nauplia besteigt. Begleitet von einem französischen und einem russischen Kriegsschiff fährt er auf der englischen Fregatte „Madagaskar" seinem Reich entgegen. Dort erwarten ihn große Herausforderungen: Athen ist zerstört, das Land leidet unter den Kriegsfolgen, die Bürger hausen unter primitiven Umständen in Ruinen und Lehmhütten.

Als Regent setzt Otto Akzente. Er baut ein Schulwesen auf, gründet die Universität von Athen, die Akademie der Wissenschaften, das Nationalmuseum und

die Staatsbibliothek. Außerdem lässt er die neugriechische Sprache als Hochsprache pflegen und belebt das Interesse an der griechischen Antike. Freiwillig gibt der Herrscher sein Amt nach 30 Jahren nicht auf, sondern wird dazu gezwungen: 1862 stürzt ihn eine Militärrevolte. Otto kehrt nach Bayern zurück und unterstützt von seiner Bamberger Residenz aus bis zu seinem Tod den Aufstand der Griechen auf Kreta.

Was bedeutet die Strickliesl am Effnerplatz?

28

Dass der Walking Man an der Leopoldstraße Sicherheit, Wachstum, Dynamik und Fortschritt vermitteln soll, muss einem erst gesagt werden. Von alleine kommen Passanten beim Anblick der kasigen 17 Meter hohen Stahlkonstruktion nicht drauf. Immerhin deutet die Figur Bewegung an. Die abstrakte Konstruktion am Effnerplatz in Bogenhausen kommt dagegen recht statisch daher. Sie weckt in so manchem Betrachter verdrängte Erinnerungen an seine gefürchtete Handarbeitslehrerin, die ihn beim Stricklieslstricken für die Umrahmung eines selbstgehäkelten Topflappens traktiert hat. Ihren Spottnamen hat die Skulptur längst weg.

Dabei ist hier weit mehr Fantasie gefragt: Das Kunstwerk ist eine Anspielung auf die amerikanische Filmdiva Mae West, deren Namen es trägt. In den 1930er Jahren zählt die verführerisch auftretende Frau zu den bestbezahlten Schauspielerinnen Amerikas und sorgt dort für Furore. Selbstbewusst bricht die Tochter eines Boxers sexuelle Tabus, tritt für die Rechte von Homosexuellen ein und landet wegen „Obszönität auf der Bühne" im Gefängnis. Im prüden Amerika starten Sittenwächter regelrechte Hetzkampagnen gegen das Sex-Symbol. Um die Gesellschaft vor dem Verfall der Moral zu bewahren, wird zum Boykott ihrer Filme aufgerufen. Die Skandale schaden der charismatischen Blondine nicht. In Las Vegas bekommt sie in den 1950er Jahren eine eigene Bühnenshow, später spielt sie in Fernsehsendungen mit und versucht sich als Sängerin. Ende der 1970er parodiert sie sich selbst in der Musical-Komödie „Sextette" mit Ringo Starr, Alice Cooper und Tony Curtis.

Wer an Mae West denkt, denkt an eine vollbusige Powerfrau. Nicht an ein kegelartiges Baugerüst. Seine Form soll an die Drehbewegung einer Tänzerin

erinnern, der acht Meter breite Mittelteil an die schmale Taille von Mae West. Mit ihrem Werk wollte die amerikanische Bildhauerin Rita McBride dem viel befahrenen Bereich über dem Richard-Strauss-Tunnel beim Arabella-Hochhaus und dem Hypo-Turm ein Gesicht geben. Ihr 1,5 Millionen Euro teures Werk ist 52 Meter hoch, 200 Tonnen schwer, hat am Boden einen Durchmesser von 32 Metern und besteht aus 32 Carbon-Kunststoffrohren, die von einem 15 Meter hohen Stahlsockel aus in den Himmel ragen.

MVV-Fahrgäste können Mae West in München Ost ganz aus der Nähe betrachten: Seit Ende 2011 fährt die 16er Tram Richtung St. Emmeram mittendurch. Wäre es nach Oberbürgermeister Christian Ude gegangen, hätte die Stadt ihr Geld lieber für ein anderes Konstrukt ausgegeben. Bevor die Mehrheit im Stadtrat den Bau des als Eierbecher titulierten Werks beschloss, kommentierte er den umstrittenen Kunst-Entwurf mit den Worten: Solche Skulpturen gäbe es auch im Baumarkt als Blumenständer.

29 *Wer bewohnt das Schloss in der Birkenleiten?*

Majestätisch überragt ein edler Turm mit herrschaftlichem Nebengebäude eine Kleingartenanlage und schlichte Wohnblöcke in der Birkenleiten am Fußweg Richtung Hellabrunn. Ein architektonisches Schmuckstück wie aus Tausend und einer Nacht. Schmiedeeiserne Tore und eine massive Mauer umgeben den magischen Ort, der so sagenumwoben ist, dass zahlreiche Veröffentlichungen über ihn mehr Dichtung als Wahrheit sind. Allein der Anblick regt die Fantasie an. Auch wenn das Gebäude königlich märchenhaft aussieht – ein Schloss ist es nicht. Der Komplex ist ein Kloster, der deutsche Hauptsitz der Templer-Ordensgemeinschaft.

Den geheimnisumwitterten und vom Papst verbotenen Orden gibt es noch! Obwohl er einst von der Kirche verstoßen wurde, ist er der Kirche treu geblieben. Die dreizehn hier ansässigen Ordensmitglieder, unter ihnen sechs Klosterschwestern, sechs Mönche und Ordensmeister Vater Archangelos, führen ein bescheidenes, besinnliches Leben. Nachts schlafen sie in Holzsärgen, was sie stets daran erinnern soll, dass wir Menschen nur Gast auf Erden sind. In erster Linie haben sie sich dem Dienst am notleidenden Menschen verschrieben. Täglich leisten sie soziale Arbeit und geben Bedürftigen Nahrung. Rund hundert Mahlzeiten verteilen sie im Durchschnitt pro Tag an Hungrige aus der ganzen Stadt. Das ist im Sinne der Ordensgründer. Diese versorgten ab dem 12. Jahrhundert am Tempelberg in Jerusalem Pilger und Kranke. Um sich vor Überfällen zu schützen, wurden sie bald schon von Rittern verteidigt, weshalb Papst Innozenz II. die Gemeinschaft zum ersten Mönchs-Ritter-Orden erhob.

Im Laufe der Zeit wird er zum mitgliederstärksten, mächtigsten und reichsten Orden der Kirche. Das weckt Neid. Der französische König Philipp, der vom Orden geliehenes Geld nicht zurückzahlen will, wirft den Templern Ketzerei vor und erzwingt Anfang des 14. Jahrhunderts mit durch Folter eingeholten Geständnissen die Aufhebung des Ordens durch Papst Clemens V. – ein Akt, der nach Kirchenrecht nicht gültig ist. Ein vom Konzil bestätigter Orden kann nur von einem Konzil aufgehoben werden. Trotzdem werden die Templer nun unter anderem in Frankreich, Mittelitalien, vereinzelt auch in Deutschland verfolgt und gefoltert. Die Wiener Blutgasse am Stephansdom soll an die dort grausam getöteten Tempelherren erinnern.

Jahrhunderte später tauchen einige Templer in München auf und bauen sich um 1930 ein Kloster, das im Zweiten Weltkrieg den Bomben zum Opfer fällt. Nach Kriegsende fassen sie in der Untergiesinger Birkenleiten Fuß und beziehen 1969 die ehemalige Villa des Hofjuweliers Karl Winterhalter. Federführend durch Vater Archangelos wird das Domizil ausgebaut und um den architektonisch wertvollen, 67 Meter hohen Turm erweitert.

Öffentliche Besichtigungen sind nicht möglich. Das Kloster soll ein Ort der Ruhe bleiben, auch wenn sich Neugierige gern auf die Suche nach dem bis heute verschwundenen Schatz der Tempelritter begeben würden.

30 Ist die Borstei eine Elite-Siedlung?

Es klingt wie ein Märchen. Ein gutherziger Mann baut nach allen Regeln der Kunst ein farbenfrohes und autarkes Stadtviertel, in dem Familien zu einem bezahlbaren Preis wohnen können. Er spendiert ein Heizwerk sowie eine Großwäscherei, in der alle Mieter ihre Wäsche nach 24 Stunden schrankfertig zurückgeliefert bekommen und stellt stundenweise häusliche Hilfskräfte, Schreiner, Installateure und andere Handwerker zur Verfügung. Ein Paradies für die bürgerliche Mittelschicht. Es wurde Realität und existiert heute noch unter dem Namen Borstei.

Wer zehn Trambahn-Minuten vom Hauptbahnhof entfernt über die Dachauer Straße in die Siedlung mit den gelben Hausfassaden spaziert, betritt eine eigene Welt. Beschauliche Gärten, Bildhauerkunstwerke, Brunnen und Wandgemälde verbreiten behagliches Flair, Sitzbänke in den windgeschützten Innenhöfen laden zum Verweilen ein. Kleinquadratisches Kopfsteinpflaster und weiße Fensterläden erinnern eher an die Filmkulisse einer Seifenoper als an ein städtisches Wohnquartier. Hier scheint die Zeit stehen geblieben zu sein.

Die Borstei ist ein Beweis dafür, dass massive Gebäudekomplexe Lebensqualität bieten können. Der Bauunternehmer Bernhard Borst wollte schließlich nicht nur „die Wohnfrage lösen". Er wollte „das Schöne des Einfamilienhauses mit dem Praktischen einer Etagenwohnung" verbinden. Die Hausfrau sollte entlastet und die Gesundheit der Mieter gefördert werden.

In den 1920er Jahren macht sich Bernhard Borst an die Verwirklichung seiner Ideale. Diese haben im Laufe der Zeit konkrete Formen angenommen. Seit er mit fünf Jahren von Offenburg nach München gekommen war, weiß er, was Wohnungsnot bedeutet. Weil ihm eine akademische Ausbildung verwehrt bleibt, absolviert er eine Maurerlehre und wird durch unermüdlichen Fleiß ein Meister seines Fachs. Bedeutende Architekten wie August Exter und Theodor Fischer erkennen die Fähigkeiten des Anfängers und fördern ihn.

Mit seiner Begeisterung für Einfamilienhäuser reißt der Nachwuchsarchitekt im Nu zahlreiche Bauherren mit. Schon bald betreut er 25 Baustellen gleichzeitig. Den Höhepunkt seiner Schaffenskraft markiert 1924 der Baubeginn seines Lebenswerks: Innerhalb von fünf Jahren lässt er auf einer ehemaligen Schafweide in Moosach eine Art Festung entstehen, die viergeschossige Wohnblöcke nach außen hin abriegeln. Eine

geschlossene Mustersiedlung mit 772 Wohnungen in 77 Häusern und 268 Garagen. Den Mietern bietet sich ab 1929 ein bis dahin nicht gekanntes Dienstleistungsangebot mit Wäscherinnen, Gärtnern, Hausmeistern und Nachtwächtern. Die Zwei-, Drei- und Vier-Zimmerwohnungen verfügen von Anfang an über Zentralheizung, Bad, Gasherd sowie Tag und Nacht fließend warmes Wasser. „Es ist mir, als wäre das, was ich mit diesem Werk ins Leben gerufen habe, was ich vielen Hunderten von Familien damit bieten kann, angewandte Religion", sagt Borst später einmal. Ein solches Traumland braucht einen würdigen Namen. Ein Wettbewerb bringt kreative Bezeichnungen ins Gespräch: „Schlaraffenhof", „Himmelreich", „Borstelysium", „Frohburg", „Idealheim" und „Borst's Märchenhorst" sind unter den 2.600 Vorschlägen. Eine Jury entscheidet sich für „Borstei", ein Name, der in Anlehnung an die Augsburger Fuggerei schon vor dem Wettbewerb öfters gefallen war. Dabei hat dieses konservative Siedlungsmodell mit Sozialem Wohnungsbau nichts zu tun.

Als fürsorglicher Patriarch und großzügiger Mäzen kümmert sich der sechsfache Familienvater Borst um Pflege und Ausgestaltung der Anlage, seine Frau Erna unterstützt ihn bei der Verwaltung, die seinerzeit ein nahe gelegenes Sägewerk und eine Ziegelei bei Freising umfasst. Mit Veranstaltungen wie Gartenkonzerten, Faschingsfeiern, Sommerfesten sowie Auftritten von Marionetten- und Kasperltheatern stärkt der angesehene und humorvolle Unternehmer das Gemeinschaftsgefühl der Bewohner. Der Ladenhof, wo heute noch unter anderem eine Metzgerei, eine Bäckerei, eine Schneiderei, eine Apotheke, ein Kosmetikstudio, ein Friseursalon und ein Café betrieben werden, bietet Platz für einen Ratsch. Als Borst zu Beginn der NS-Zeit seinen Mietern das Aushängen von Hakenkreuzflaggen verbietet, provoziert er heftige Angriffe der NSDAP in der Parteizeitung. Obwohl die Siedlung damals mitten zwischen kriegswichtigen Einrichtungen wie dem Flughafen auf dem Oberwiesenfeld, Kasernen und Gaswerk liegt, wird im Krieg bloß ein einziges Haus von Bomben zerstört. Ein wahres Glück.

Noch immer ist die Borstei keine Elite-Siedlung. Sie hat sich ihren dörflichen Charakter bewahrt und ist wegen ihrer Wohnqualität, Lage und den verhältnismäßig günstigen Mieten bei Familien beliebt. Die Fluktuation ist gering, zum Teil sind die Mieter in vierter Generation ansässig. Mit 14 Geschäften, zwei Kindergärten und niedergelassenen Ärzten sind die 2.300 Einwohner versorgungstechnisch nicht von der Stadt abhängig. Ihr Vermieter ist eine Erbengemeinschaft der Nachkommen von Bernhard Borst, der für sein Lebenswerk die Goldene Ehrenmünze der Stadt München und den Bayerischen Verdienstorden erhalten hat. Nach dem Tod seines letzten Enkels geht das gut zehn Fußballfelder große, denkmalgeschützte Areal an die Stadt München über. Ein Besuch mit Abstecher im Borstei-Museum und Einkehr im Café lohnt sich.

Wo befindet sich das Märchen-Viertel? 31

Krasser könnte der Kontrast kaum sein. Einen Steinwurf entfernt von riesigen, grauen Neuperlacher Betonburgen erstreckt sich das grüne, familienfreundliche Waldperlach. Ein 14.000-Einwohner-Ort mit zwei Sportvereinen, Feuerwehr, Wirtshaus, Burschenverein – und Straßennamen, die Waldperlach zum Märchenwald machen. Durch die Eulenspiegelstraße über die Frau-Holle-, Elfen-, Isegrim- und Rübezahlstraße scheint der Weg direkt ins Zauberland zu führen.

Das Viertel, das kürzlich sein 100-Jähriges feierte, zeichnet sich durch Blumen bepflanzte Vorgärten, gepflegte Fassaden, rote Ziegeldächer, hölzerne Gartenzäune und weiß-blau beflaggte Fahnenstangen aus. Wer hier wohnt, schreibt seine Adresse gern auf Briefumschläge. Der ein oder andere hat sie sogar symbolisch am Haus angebracht. So veranschaulichen drei Gänse in Flugposition schräg über einer Eingangstür die Zugehörigkeit zur Gänselieselstraße. Die früheren Bewohner eines Hauses an der Dornröschenstraße ließen für die Außenwand den glücklichen Moment der durch einen Prinzenkuss erwachten Königstochter als schmiedeeisernes Kunstwerk anfertigen. In der Nachbarschaft ziert ein anderthalb Meter großer Struwwelpeter ein zweistöckiges Wohnhaus an der nach dem bösen Buben benannten Straße. Unverkennbar, die Figur mit struppiger Haarmähne und langen, spitzen Fingernägeln, denn: „An den Händen beiden / ließ er sich nicht schneiden / seine Nägel fast ein Jahr. / Kämmen ließ er nicht sein Haar…"

Von der Rübezahlstraße, die dem Berggeist des Riesengebirges gewidmet ist, wirkt der Glockenturm der evangelischen Jubilatekirche wie das Turmgefängnis von Rapunzel. Im Gegensatz zu dem eingesperrten

Mädchen mit dem langen Zopf, erinnert an eine schwarzhaarige Schönheit mit ähnlich tragischem Schicksal eine Straßenbezeichnung: die Schneewittchenstraße. Sie umfasst den Abschnitt zwischen Rotkäppchenplatz und Leiberheim-Biergarten am Nixenweg, von ihr zweigen die Aschenbrödel-, Däumling- und Erlkönigstraße ab.

Das ländliche Erscheinungsbild prägt auch den Märchenweg. Hier ist der Name Programm. Buschig wuchernde Sträucher, anmutige Zypressen, Vogelgezwitscher und Gartenfiguren in Form von Titel-Gestalten wie Hänsel und Gretel wecken Illusionen von verwunschenen Plätzen, wahren Helden, Unsterblichkeit und einer Existenz jenseits von Ort und Zeit. Das erleichtert Märchen-Fans die Vorstellung von Schauplätzen wie der Feuerstelle, um die das Rumpelstilzchen bei Nacht vom Kind der Königin singt, oder dem Häuschen von Rotkäppchens Großmutter, im Wald bei den drei großen Eichenbäumen. Dort, wo ein Jäger das naive Mädchen und die alte Dame aus dem Wolfsbauch rettet und ihn mit Wackersteinen füllt – ein Ende, das einem weiteren Märchen entliehen ist, das die Gebrüder Grimm aufgeschrieben haben. Eine Wolf-und-die-sieben-jungen-Geißlein-Straße sucht man in Waldperlach allerdings vergeblich.

Vielleicht erschien diese Bezeichnung bei der Benennung schlichtweg als zu lang. Bis 1930 trugen die jetzigen Märchenstraßen herrschaftlich klingende Namen. Erst mit der Eingemeindung nach München musste man Adress-Dubletten im Stadtgebiet vermeiden und benannte Straßen wie die Äußere-Prinz-Rupprecht-Straße, Wittelsbacher-, Hohenzollern- und Prinzregentenstraße inspiriert von Grimms Kinder- und Hausmärchen um. Aus diesem Fundus ließ sich auch später noch schöpfen, als man dem Froschkönig 1980 einen Weg widmete. So gehen in der ehemaligen Waldkolonie rund 20 Straßenbezeichnungen auf Fabeltiere, Haus- und Wassergeister, Sagengestalten und Märchenfiguren zurück.

Wieso hält Giesinger Bier nur vier Wochen?

32

Von einer solchen Haltbarkeit des fünften Elements konnten frühere Bierbrauer trotz Erfindung der Kühltechnik nur träumen. Noch nach Monaten, ja sogar ein Jahr nach der Herstellung können die berühmten Münchner Bier-Sorten getrunken werden, ohne dass sie sauer, fad oder nach flüssigem Brot schmecken. Doch beim Giesinger Bräu, Münchens zweitgrößter Privatbrauerei, wird die volle Schmackhaftigkeit nur für vier Wochen garantiert – und zwar ganz bewusst. Wieso?

„Bier macht schön und ist gesund" – derartige Aussagen rufen meist zweifelhafte Blicke oder ungläubiges Schmunzeln hervor. Dabei darf die positive Wirkung der Bierhefe auf den menschlichen Organismus nicht unterschätzt werden. Im Mittelalter schworen die Mönche auf den Nährwert von Bier, das viel mehr Vitamine enthielt als heutzutage. Man nannte Bierhefe einen „natürlichen Schönheitsquell", der die Haut straffer, die Nägel stärker, die Haare voller und glänzender macht. So bietet zwar die reichhaltige Hefe gesundheitsfördernde Nebeneffek-te, birgt aber ein Problem. Sie verkürzt die Haltbarkeit von Bier. Weil es das Reinheitsgebot verbietet, etwas beizumischen, um eine bestimmte Wirkung zu erzielen, kann man höchstens etwas herausnehmen. Also filtern die meisten Brauer die Bierhefe einfach aus. Dadurch verliert das Produkt etliche Mineralstoffe, Spurenelemente und Vitamine, wird aber länger haltbar.

Als das Reinheitsgebot 1516 erlassen wurde, war die im Bier enthaltene Hefe noch unbekannt. Dabei leitet sie den Gärvorgang ein und ist damit für den Brauprozess unbedingt notwendig. Es heißt „Malz verleiht dem Bier seinen Körper, Hopfen gibt ihm die Seele, Hefe aber bestimmt den Charakter." Und den will die Untergiesinger Brauerei, die 2006 eröffnet hat, in vollem Umfang erhalten. Die Mitarbeiter filtrieren die Hefe nicht heraus, schließlich ist sie ein wichtiger Geschmacksträger. Zwar könnten sie die Haltbarkeit durch Pasteurisieren verlängern, aber sie wollen ihr Bier keiner thermischen Behandlung aussetzen. Man will so den Abnehmern einen Biergeschmack liefern, wie ihn nur ein Brauer kennt – also direkt vom Lagertank frisch in die Flasche, ins Fass oder in den Magen. Den Export, für den es länger haltbare Produkte braucht, überlassen die Giesinger den Großbrauereien.

Die Frage, ob Bier wirklich gesund ist, beantworten die Hersteller des unfiltrierten Gebräus mit „Jein".

Einerseits enthält Bier viele Vitamine, Mineralstoffe, Spurenelemente und Ballaststoffe. Andererseits enthält es Alkohol. Dieser wird beim alkoholfreien Bier nachträglich entzogen oder ist erst gar nicht entstanden. Alkoholfreies Bier muss immer thermisch behandelt, also pasteurisiert werden. Dadurch büßt es an Geschmack ein, gewinnt allerdings an Haltbarkeit.

Wer aus Versehen „abgelaufenes" Bier trinkt, braucht keine Angst um seine Gesundheit zu haben, denn durch den enthaltenen Alkohol bilden sich keine Krankheitserreger. Allerdings verliert das Gebräu an Frische, der Geschmack verändert sich und kann an Brot erinnern. Es gilt die Regel, das Bier kühl und dunkel aufzubewahren, und am besten so frisch wie möglich zu genießen!

Bierbrauen im Dunst ...

Was sind Viktualien? 33

Zunächst wird der Handelsplatz, der 1807 seinen heutigen Standort bezieht, ganz schlicht Grüner Markt genannt. Doch weil es im 19. Jahrhundert als schick gilt, klassische Bildung zu betonen, bekommt er bald die wohlklingende Bezeichnung "Viktualienmarkt". Der Begriff ist von dem lateinischen Wort Victus abgeleitet und begrenzt das Warenangebot auf Lebensmittel. Kitschige Plastik-Souvenirs, wie man sie üblicherweise an touristisch stark frequentierten Plätzen in Großstädten findet, sind noch immer tabu. Lediglich Naturprodukte, zum Beispiel Blumen, Weidenkörbchen, Gestecke, Duftkissen und Deko-Artikel aus Stroh, sowie Postkarten haben Eingang in das Sortiment gefunden.

In Sachen Ladenöffnungszeiten blieb den Händlern im alten München kein Spielraum: Das Geschäft auf dem Areal des ehemaligen Heiliggeistspitals lief täglich. Mit Ausnahme des Oster- und Pfingstsonntags sowie des ersten Weihnachtsfeiertags musste die Lebensmittelversorgung der Bürger, die daheim über keinerlei Kühlvorrichtung verfügten, sieben Tage die Woche gewährleistet sein, vom Morgengrauen bis zum Gebetläuten. Nur sonn- und feiertags war Mittag Schluss.

Auf dem so vornehm genannten Viktualienmarkt, wo Händler heute Südfrüchte, Wild, Käse, Fisch, Brot, Gewürze und vieles mehr zu teuren Preisen anbieten, geht es bis ins 19. Jahrhundert ruppig zu. Nicht selten stehen die Kunden im Dreck, Gemüse, Obst und Geflügel gibt es direkt vom Karren. Die Verkäufer nehmen ihre Plätze in der Reihenfolge ihrer Ankunft ein und stehen oder sitzen sich in doppelten Reihen nach Anweisung des Marktinspektors gegenüber. Noch zu Zeiten von Märchenkönig Ludwig II. schlägt die Stadt aus der Anordnung Profit. Sie versteigert die inzwischen festen Verkaufsbuden und -plätze, die je nach Handelsgut in Abteilungen geordnet sind. Anbieter von Ochsenmäulern, Ochsenfüßen, Innereien, Kopf- und Zungenfleisch werden auf die Kuttlerhalle in der angrenzenden Westenriederstraße verwiesen. Noch im 20. Jahrhundert bleibt der Straßenverkauf von Viktualien, mit Ausnahme von Beeren, Radi, Nüssen, harten Eiern, Brunnenkressesalat und geräuchertem Fisch, verboten.

Dass der Viktualienmarkt heute noch existiert, ist keine Selbstverständlichkeit. Nach der Eröffnung der Großmarkthalle 1912 tauchen Pläne auf, das gesamte Marktwesen in Sendling zu zentralisieren und den Viktualienmarkt veröden zu lassen. In den 1930er Jahren macht das Projekt eines riesigen Markthochhauses auf dem Gelände des Handelsplatzes von sich Reden. Und bald darauf, im Zweiten Weltkrieg, zerstören Bomben den Viktualienmarkt komplett. Ob der Wiederaufbau erfolgen soll ist zunächst unklar. Nach Kriegsende gibt es sogar Pläne, den Markt aufzugeben und auf dem lukrativen Standort im Herzen der Stadt Hochhäuser zu errichten! Die Münchner sind entsetzt, die Stadt lenkt ein. Sie lässt neue Stände errichten, das Marktleben hält wieder Einzug. Die nächste Bedrohung folgt in den 1960er Jahren: Stadtplaner wollen eine Autobahn entlang der Blumen-

Elise-Aulinger-Brunnen am Viktualienmarkt

straße bauen, um dem Verkehrsfluss Herr zu werden. Doch Oberbürgermeister Hans-Jochen Vogel zieht die Notbremse – der Markt ist gerettet.

Heute gilt der Viktualienmarkt als typisches Stück des „alten Münchens". Mit seiner Schmankerl-Vielfalt, den bunten Buden und dem Biergarten ist er beliebt unter Einheimischen und Auswärtigen.

Wen „missioniert" die Bahnhofsmission?

34

Was soziale Arbeit anbelangt, ist München oft Vorbild für andere Städte. Verschiedenste Hilfsorganisationen sind untereinander vernetzt, es gibt Beratungsstellen, Essens- und Kleiderausgaben und direkte Hilfe für die – laut Zeitschrift BISS – rund 4.500 wohnungslosen Männer und Frauen in München, von denen geschätzt 350 auf der Straße leben. Neben Einrichtungen von Kirchen und freien Trägern existieren mehr als 150 Stiftungen sowie das Bündnis „München Sozial", dem 50 Verbände, Wohlfahrtsorganisationen und karitative Einrichtungen angehören. Von großer Bedeutung für Notleidende ist die Münchner Bahnhofsmission im Hauptbahnhof. Prinzipiell gründet sich die christliche Missionstätigkeit auf Passagen aus der Bibel, doch liegt den Mitarbeitern der Bahnhofsmission nicht die Bekehrung zum christlichen Glauben am Herzen, sondern vielmehr die dem Christentum zugrunde liegende Nächstenliebe.

Mit der Bahnhofsmission lebt eine Idee weiter, für die Ellen Ammann schon Ende des 19. Jahrhunderts gekämpft hat. „Geistige Mütterlichkeit" ist der schwedisch-deutschen Politikerin seinerzeit zu wenig. Die starke, kluge Frau leitet richtungsweisende Schritte für die soziale Arbeit in Deutschland ein. Sie ist überzeugt, dass „Soziale Arbeit nicht im Dilettantentum stecken bleiben darf, denn sie ist verantwortungsvolle Arbeit am Menschen, mehr wie jede andere." Im Alter von

27 Jahren gründet Ellen Ammann 1897 Deutschlands erste katholische Bahnhofsmission, in München direkt am Zugbahnhof. An der internationalen Drehscheibe sollen unerfahrene Mädchen vom Land, die zur Stellensuche in die Stadt kommen, Hilfe finden und vor Zugriffen von Mädchenhändlern geschützt werden.

In den ersten Jahren besteht das Inventar aus einem Tisch mit abschließbarer Schublade. Im Kriegsjahr 1914 stellt die Reichsbahn den diensttuenden Damen einen Kiosk mit Telefonanschluss zur Verfügung. Damals hilft das Personal beim Abtransport von Verwundeten, betreut Flüchtlinge und verpflegt durchreisende Truppen. Im „Dritten Reich" schließen die Nationalsozialisten die Münchner Bahnhofsmission. Nach dem Krieg wird sie wieder rund um die Uhr erste Anlaufstelle für Menschen in Not.

Der Katholische Verband für Mädchen- und Frauensozialarbeit IN VIA und das Evangelische Hilfswerk München können die Einrichtung dank der Deutschen Bahn mietfrei im Hauptbahnhof neben dem Gleis 11 betreiben. Sie steht unabhängig von Herkunft, Hautfarbe und Religion allen Menschen offen, die Hunger leiden, Ratschläge, Trost oder für eine Nacht ein Dach über dem Kopf brauchen. Mehr als 100 hauptsächlich ehrenamtlich tätige Bürger kümmern sich pro Tag um rund 250 Hilfesuchende. In erster Linie kommen Menschen, die in eine Sackgasse

geraten sind: Wohnungslose, psychisch Kranke, Alkoholsüchtige und Drogenabhängige. Helfer zeigen ihnen weitere Anlaufstellen, bringen Gehbehinderte zum Zug, greifen mittellosen Besuchern mithilfe von Spenden, kirchlichen und eigenen Mitteln der Träger sowie Zuschüssen der Stadt München unter die Arme.

Nimmt das Ledigenheim auch Frauen auf?

35

Im Westend gibt es eine Einrichtung, die in Europa einzigartig ist: das Ledigenheim, ein Zufluchtsort für fast 400 alleinstehende und einkommensschwache Männer aus aller Welt. Manche bleiben sechs Monate, andere ihr Leben lang. Frauen bleiben außen vor.

Schon architektonisch war und ist die Junggesellenburg eine Sensation. Bevor das Areal an der Bergmannstraße bebaut wird, herrscht extreme Wohnungsnot. Arbeitslose stehen auf der Straße, Familien hausen in überbelegten Klitschen, das Schlafgängertum bringt immer mehr Probleme mit sich. Weil sie sich kein Dach über dem Kopf leisten können, kampieren Schlafgänger tagsüber stundenweise gegen geringe Bezahlung in engen Behausungen kinderreicher Familien, während der Mann bei der Arbeit ist. Die Folge sind uneheliche Kinder, Geschlechtskrankheiten und moralische Konflikte.

Der Architekt Theodor Fischer will sich den Sittenverfall nicht länger anschauen und das Wohnungselend bekämpfen. Also reist er nach Berlin, Wien und Mailand und schaut sich spezielle Wohnmodelle an. Er informiert sich über Komplikationen und Finanzierungmöglichkeiten eines Ledigenheims und ist überzeugt, dass dieses Problem in München professioneller geregelt werden muss. Unter der Trägerschaft des Vereins Ledigenheim München e.V. nimmt das Projekt Formen an.

Jedes Detail dieses Rohziegelbaus trägt Theodor Fischers Handschrift. Er verbindet zwei vierstöckige Gebäudetrakte an ihren Mittelflügeln durch einen weiteren höheren Gebäudeteil miteinander. Um Strom zu sparen, nutzt er den Tageslichteinfall. Er konzipiert Sieben-Quadratmeter-Zimmer, eine Gemeinschaftsküche, einen rustikal ausgestatteten Aufenthaltsraum und Sitzecken auf den Etagen, die der Geselligkeit dienen sollen. 1927 ist Eröffnung.

Was heute als einmalige Architektenkunst gefeiert wird und schon als Filmkulisse diente, zählt zu

Theodor Fischers Zeit zu den umstrittensten Bauwerken Münchens. Oberbürgermeister Karl Scharnagl hätte den modernen Neubau am liebsten gleich wieder abreißen lassen. Er hält ihn für eine „Gefährdung der sauberen Kunststadt" und wirft dem Baumeister vor, er würde die Stadt einem „verödenden Internationalismus und Bolschewismus" opfern. Doch der entscheidende soziale Wert des Ledigenheims auf der Schwanthalerhöhe zeigt sich schon bald. Hier finden hunderte alleinstehende Arbeiter bei spartanischer Lebensweise eine sichere Bleibe. Nach dem Zweiten Weltkrieg tragen viele der Heimbewohner zum Wiederaufbau der Stadt bei.

In erster Linie finanziert sich die Einrichtung über die Miete der Bewohner sowie die Miete einer Apotheke, eines Friseurs, der Diakonie und einer Hypo-Vereinsbank-Filiale, die Räumlichkeiten im Gebäude in Anspruch nehmen. Auch wenn die stets voll belegte Einrichtung eine Mischung aus Wohnheim und Hotel darstellt, klopfen hier keine Gutverdiener an. Unter den derzeit 382 Bewohnern aus 46 Nationen sind Afghanen, Vietnamesen, Engländer, Griechen, Senegalesen, Nigerianer und etliche andere Schwarzafrikaner. Viele von ihnen schuften in der Stadt für ein paar Euro pro Stunde. Vom Lohn schicken sie einen Teil in ihre Heimat, kaufen Essen und bezahlen 185 Euro Miete für das möblierte Zimmer – frische Handtücher, Bettwäsche und tägliche Zimmerreinigung inklusive.

Die Leitung des Hauses hat eine Frau, Claudia Bethcke. Sie führt ein eisernes Regiment. „Ich muss streng sein, sonst meinen die Männer, man kann mit einem Schlitten fahren", sagt die Münchnerin, die es auch mit alkoholkranken, spielsüchtigen und psychisch angekratzten Bewohnern zu tun hat. Weil das Haus aus Denkmalschutzgründen nicht barrierefrei ausgerichtet ist und nicht über Pflegepersonal verfügt, achtet sie darauf, dass es nicht zu einer Überalterung kommt. Um keine Konflikte unter den Bewohnern zu provozieren, ist Damenbesuch nicht gestattet. Damit die Chefin den Überblick bewahrt, was auf den Etagen vor sich geht, beauftragt sie keine anonyme Putzkompanie, sondern schickt ihre festangestellten Reinigungskräfte auf die Zimmer.

Dank dieser aufmerksamen Mitarbeiter hat Claudia Bethcke schon einmal einem Bewohner das Leben gerettet. Wegen Geldmangel hatte ein Mann zwei Wochen lang nichts gegessen und sich nicht getraut, um Hilfe zu bitten. „So schnell kann mitten in der Stadt ein Mensch verhungern", seufzt die Leiterin. Seit Ärzte den Mann im Krankenhaus aufgepäppelt haben, hat sie ein besonderes Augenmerk auf ihn. Ihre Tätigkeit bringt es mit sich, dass sie immer wieder mit „Rucksäcken voller Lebensgeschichten" konfrontiert wird. „Man kann hier viel bewegen und menschliche Dienste leisten", betont sie. „Die Arbeit im Ledigenheim ist etwas richtig Sinnvolles."

Wo kann man noch Paternoster fahren?

36

Ein nostalgisches Vergnügen verbirgt sich in so manchem Münchner Altbau. Längst haben neuartige Anlagen die Vorläufer des modernen Aufzugs abgelöst, trotzdem sind noch Paternoster in Betrieb.

Wer in einem Personen-Umlaufaufzug mitfahren will, darf kein zögerliches Verhalten an den Tag legen. Paternoster bleiben nicht stehen. Sie sind ständig in Bewegung und verlangen ihren Fahrgästen einen sicheren Schritt in die Kabine ab. Und schon geht es aufwärts Richtung Dachboden. Dieses technische Meisterwerk weckt kindliche Begeisterung. Mit Bauchkribbeln erwartet man gespannt, wie die Mechanik „am Ende" funktioniert. Im obersten Stockwerk angelangt, zuckelt das Gefährt nach einer aufrechten Wendung gemächlich hinab in Richtung Keller. Das Aussteigen erfordert von ungeübten Nutzern eine gewisse Konzentration. Hat die Kabine die gewünschte Etage bereits passiert, muss eine weitere Runde gedreht werden. Nur Geduld! Denn wer im letzten Moment hektisch hinaus auf den Fußboden springen will, kann sich einklemmen und verletzen.

Eine kleine Zeitreise gefällig? Dann lohnt sich ein Abstecher ins städtische Hochhaus an der Blumenstraße. Seit einer Generalsanierung ist der öffentlich zugängliche Paternoster im **Planungsreferat** wieder aktiv. Weil das benachbarte Gebäude in der **Blumenstraße 28** (ehemals Stadtwerke) derzeit hergerichtet wird, ist der dortige Paternoster außer Betrieb. Von der künftigen Nutzung der Räumlichkeiten hängt es ab, ob er öffentlich zugänglich sein wird oder nicht. Um das kuriose Gefährt im **Deutschen Patent- und Markenamt** an der Ludwigsbrücke benutzen zu können, müssen die Besucher eine Einlasskontrolle passieren. Die Kabinen des letzten von ursprünglich vier Paternostern, der wie das Amtsgebäude im Jahr 1959 erbaut worden ist, bringen die Passagiere im Schneckentempo von ungefähr 0,3 Meter pro Sekunde vom Untergeschoss bis in den zehnten Stock. Der Umlauf-Aufzug im **Polizeipräsidium** ist hingegen nicht für die Allgemeinheit bestimmt. Er stammt aus dem Jahr 1956, verfügt über zwölf Kabinen und besteht aus Holz.

Außerdem existiert eine Handvoll weiterer Exemplare: An der **Großmarkthalle** bringt ein Paternoster die Angestellten im Kontorhaus 2 zu ihren Büros, auch der 1970er-Jahre-Paternoster im **Kaufhof am Marienplatz** ist nur für Mitarbeiter gedacht. Bei der **Boston Consulting Group** in der Ludwigstraße 21 verkehrt ein historisch wertvoller Umlaufaufzug aus dem Jahr 1937 von 8 bis 18 Uhr mit einer Geschwindigkeit von 0,3 Metern pro Sekunde zwischen dem ersten und dem fünften Obergeschoss. Ihn nutzen in erster Linie die Münchner Mitarbeiter der Unternehmensberatung. Nachdem das **Anger Palais** seit seiner Sanierung nicht mehr öffentlich zugänglich ist, steht der Paternoster in dem denkmalgeschützten Gebäude der Stadtwerke im Unteren Anger 3 ausschließlich den Mietern der hochwertigen Büroräume zur Verfügung.

Die Anfänge der Paternoster-Entwicklung reichen weit zurück. Sackaufzüge erfüllten längst mit einem ähnlichen Konstruktionsprinzip ihren Zweck, als im 19. Jahrhundert in England der erste Paternoster in Betrieb ging. In ständig zirkulierenden, aufrecht stehenden Kabinen diente er dem Transport von Paketen. Seine Bezeichnung hat einen christlichen Hintergrund. Sie steht im Zusammenhang mit dem katholischen Rosenkranz. Bei dieser Zählkette für Gebete, früher auch Paternosterschnur genannt, folgt auf zehn kleineren Kugeln für die Ave Marias eine spezielle Kugel für das Vaterunser, was lateinisch „Paternoster" bedeutet. Auch die Kabinen eines Umlaufzugs sind auf ähnliche Weise wie auf einer Schnur aufgefädelt. An zwei Ketten hängend verkehren mehrere befestigte Einzelkabinen im ständigen Umlaufbetrieb. Die ununterbrochene Bewegung lässt sich auch als Verweis auf den Fluss des Lebens deuten – ein Zyklus mit Höhen und Tiefen.

Modernen Liftanlagen nach dem Prinzip „Drücken, warten, einsteigen, drücken, fahren, Zwischenstopp beim Zusteigen weiterer Fahrgäste" setzt die antiquierte Attraktion ungebremste Mobilität entgegen. Dass es diese Dauer-Läufer heute noch gibt, ist dem 1994 in München gegründeten „Verein zur Rettung der letzten Personenumlaufaufzüge" zu verdanken. Weil in Westdeutschland seit 1974 keine neuen Paternoster mehr in Betrieb genommen werden dürfen, sollte 1994 eine Änderung der Aufzugsverordnung aus Sicherheitsgründen eine Stilllegung der bestehenden Anlagen bis 2004 durchsetzen. Die Paternoster-Fans machten Rabatz – und die Bundesregierung hob die geplante Änderung auf. Nach wie vor gilt das Bauverbot für neue und der Bestandsschutz für bestehende Paternoster.

Spricht man den Gollierplatz französisch aus? 37

Französische Wörter bereichern die deutsche Sprache seit Jahrhunderten. Viele sind eingedeutscht und fallen kaum noch auf. Da hält der Anwalt ein Plädoyer, der Chauffeur bringt Prominente zum Restaurant, und südländische Typen haben einen dunklen Teint. Es hatte etwas Vornehmes, ja sogar Höfisches, auf dem Trottoir zu spazieren, bei Regen den Parapluie aufzuspannen und für den Zug ein Billetl (abgeleitet von Billet) zu lösen. Andererseits gibt es Bezeichnungen, die aufgrund ihrer Schreibweise irrtümlich französisch ausgesprochen werden – etwa wenn aus dem Gollierplatz der „Goljehplatz" wird.

Der Platz und die gleichnamige Straße im Westend sind keinem Franzosen gewidmet. Ihre Benennung geht auf Mitglieder der gesellschaftlichen Oberschicht zurück. Gollier hieß eine bayerische Landadels- und Münchner Patrizierfamilie. Die Golliers, ursprünglich ohne „e" geschrieben, waren reich und hatten großen Einfluss. Es war Ritter Ainwich Gollir, der im 13. Jahrhundert auf dem heutigen Marienplatz eine Allerheiligenkapelle errichten ließ, in der für Marktleute, Taglöhner und andere Frühaufsteher im Morgengrauen Messen abgehalten wurden. Die Familie besaß Häuser im Stadtzentrum sowie ein Anwesen in Schwabing. Vermutlich ist das Adelsgeschlecht im 14. Jahrhundert ausgestorben, da der Nachlass der Golliers dem Machthaber zufiel. Mit diesem ansehnlichen Erbe stattete Kaiser Ludwig der Bayer das von ihm erbaute Kloster Ettal aus.

Erst Ende des 19. Jahrhunderts entschied die Stadt, zunächst eine Straße und später einen Platz auf der Schwanthalerhöhe nach der Familie zu benennen. Wie auch die Patrizierfamilien Kazmair, Ligsalz, Ridler und Tulbeck, denen in der Nachbarschaft Straßen gewidmet sind, hatten die Golliers keinen direkten Bezug zum Viertel. Möglich ist, dass sie von den Franzosen, die im 13. Jahrhundert mit Kreuzzügen ihr Territorium erweiterten und dem Süden ihre Sprache aufzwangen, Begriffe verwendet haben. Aber Gollierplatz und Gollierstraße spricht man aus, wie man sie schreibt.

Die einstige Sprache der Adeligen und Diplomaten hat offenbar auch an der Münchner Traditionsbäckerei Rischart Spuren hinterlassen. Da holt so mancher Kunde am Marienplatz Münzen aus seinem Portemonnaie und gönnt sich bei „Rieschaa" ein Zwetschgendatschi-Schnittchen mit Sahne. Doch der Mann, der vor fast 130 Jahren in der Isarvorstadt den Grundstein für eine der größten Münchner Bäckereien gelegt hat, war kein edler französischer Kaufmann, sondern ein Bäcker und Mehlhändler aus Pöcking am Starnberger See. Max Rischart expandierte und schrieb einen hohen Qualitätsstandard fest. Wohl eher unbewusst wird sein prestigeträchtiges Unternehmen heutzutage von vielen Kunden durch die vornehm klingende Aussprache „Rieschaa" wertgeschätzt.

38 Wen verspotten die Münchner als „Warzenbeni"?

Um Spitznamen wie „Waschllenz" für einen mit Segelohren gesegneten Mann namens Lorenz und „Finessensepperl" für den raffinierten Liebesbriefträger Joseph sowie um Sündenböcke wie Hexen und Teufel waren die Münchner nie verlegen. Schnell hatten kauzige Zeitgenossen und auch Örtlichkeiten ihren Ruf weg.

Beim Warznbeni tun sich die meisten schwer, optisch etwas Liebenswertes zu entdecken: Mit seinen sechs düsteren Buckeln und dem Pflaster-Charme der 1970er-Jahre kann der Brunnen am Sendlinger-Tor-Platz nicht gerade die Herzen der Passanten erobern. Beliebt ist er dank seiner belebenden Funktion. In heißen Sommern erfrischen sich Teenager, Touristen und Berufstätige in der Mittagspause an den kühlen Fontänen, die 3,50 Meter hoch aus den Düsen sprudeln.

Architektonisch ist das Kunstwerk an der Evangelisch-Lutherischen Matthäuskirche durchaus interessant. Anlässlich der Olympiade 1972 entwirft der Bildhauer Heiner Schumann zu Stadtverschönerungszwecken einen begehbaren Springbrunnen, der aus den Wölbungen ähnlich den Ausbrüchen eines Vulkans Wasserfontänen statt Lava speit. Mittels ausgefeilter Technik fällt das Wasser so auf die Erde zurück, dass es im Untergrund verschwindet und zum Pumpsystem fließt. Die von Blumenbeeten umgebene Granitpflasterung soll die Anlage im Tram-Rondell etwas auflockern.

2009 haben verkalkte Leitungen und eine marode Brunnentechnik den Warzenbeni außer Gefecht gesetzt. Jetzt sprudelt er wieder mit voller Kraft. Der Brunnen befindet sich in prominenter Gesellschaft. Auch für den Neubau der Matthäuskirche fanden die Münchner Spitznamen: In Anspielung auf ihre geschwungene Form wird die Bischofskirche auch „Gottes Achterbahn", „Luthers Achterbahn" oder „Christkindls Badewanne" genannt.

39 Warum heißen Holzfässer „Hirschen"?

Auf der Jagd nach feschen Hasen erlegen flirtbereite und durstige Oktoberfestbesucher mit vereinten Kräften so manchen Hirschen. Vorausgesetzt, sie kehren im Augustiner-Festzelt, in der Fischer-Vroni oder auf der Oidn Wiesn ein. Dort gibt es sie noch, die gefüllten Bierfässer mit einem Fassungsvermögen von 200 Litern. Warum nennt man sie „Hirschen"?

Spekuliert wurde schon Vieles: dass ein früherer Fasshersteller Hirsch geheißen hätte, dass ein ideenreicher König das Fass so getauft habe oder dass die Füllmenge des Bierfasses dem Gewicht eines ausgewachsenen Hirschen entspräche. Glücklicherweise gibt es in München einen Mann, der von Berufs wegen die wahre Antwort kennt: Wilhelm Schmid. Mit sechs Mitarbeitern betreibt er, umgeben von Reihenhäusern, ein paar hundert Meter vom ADAC-Hochhaus entfernt, in Laim die letzte Fassfabrik in der Region. Abgeschottet von wuchtigen Laubbäumen tut sich an der Straubinger Straße ein malerisches Handwerker-Revier auf. Hier stapeln sich Fässer und Holzlatten, da wird gesägt, geschliffen und gehämmert, der Holzgeruch ist allgegenwärtig.

„König Ludwig I. ist mit seiner Jagdgesellschaft immer im Hirschgarten eingekehrt", erzählt Wilhelm Schmid. „Dort hat er ein 200-Liter-Bierfass spendiert." Im Sprachgebrauch habe sich dafür die Bezeichnung „Hirsch" festgesetzt. Nachdem es in der Brauersprache auch Haserl gibt, womit Zehn- und 20-Liter-Fässer gemeint sind, hält der Fachmann auch den Vergleich mit dem Gewicht eines Hirschen für möglich. „Inklusive Leergewicht wiegt das 200-Liter-Fass 285 Kilogramm, also so viel wie ein großer Hirsch."

Lange Zeit waren „Hirschen" in der Laimer Fassmacherei, die Schmid in dritter Generation betreibt, ein Massenprodukt. „Bis Mitte der 1980er Jahre hatten alle Brauereien auf der Wiesn Hirschen. Nach und nach haben fast alle auf Stahlcontainer umgestellt." Für Bierkenner ein gewaltiger Unterschied. „Fassbier ist eine eigene Welt", beschreibt Schmid. „Im Fass entfaltet Bier seinen eigenen Charakter. Es hat weniger Kohlensäure und ist deswegen süffiger."

Als in den 50er und 60er Jahren Aluminiumfässer eingeführt wurden, sank die Nachfrage nach Holzfässern im Allgemeinen. Inzwischen geht der Trend in die andere Richtung „Seit ein paar Jahren gibt es wieder einen Aufschwung." Wobei die Anschaffung auch eine Kostenfrage ist. Für einen Hirschen bezahlt der Kunde 800 Euro, 50-Liter-Stahlfässer mit automatischer Abfüllung gibt es schon für rund 100 Euro.

Es sind im Schnitt 1.000 Fässer, die die Fassfabrik Schmid pro Jahr neu herstellt, und ebenso viele, die sie jährlich repariert. AlleinAugustiner bekam 2011 ganze 200 Hirschen und verfügt damit über eine ganze Armada an Holz-Fässern, die das Unternehmen unter anderem im Hirschgarten und am Augustiner Keller einsetzt. Ein Hirsch hält erfahrungsgemäß 20 Jahre. Bestellungen kommen von Abnehmern aus ganz Oberbayern, sogar nach Japan hat die Firma Schmid schon Bierfässer geliefert.

Auch wenn die Laimer Fassfabrik unter anderem Holzmöbel, Humpen, Surfleischkübel, Pflanzentröge, Wein- und Schnapsfässer im Sortiment hat – das Hauptgeschäft macht sie mit Bierfässern. Für die Produktion ordert Schmid von Sägewerken in Rosenheim, im Spessart und im Thüringer Wald Eichenholz, das pro Zentimeter Stärke ein Jahr luftgetrocknet werden muss. Je nach Größe braucht das Fass eine Holzstärke von drei bis viereinhalb Zentimetern. Die Schäffler, andernorts auch Böttcher, Büttner oder Küfer genannt, verarbeiten einen Teil des Holzes zu Böden, der andere Teil wird gefräst, gestutzt, gefugt, gekocht und gebogen, damit die so genannten Dauben, also die Längshölzer, die gewünschte gewölbte Form annehmen. Weil die bauchigen Fässer druckdicht sein müssen, werden sie mit Stahlreifen beschlagen. Später spritzen die Schäffler bei 200 Grad Celsius das aus Baumharz destillierte Fasspech hinein, um eine glattere Oberfläche zu erhalten. „Bier ist empfindlich", betont Schmid. „Da dürfen keine Bakterien hineingelangen."

Nach rund zehn Arbeitsstunden ist der Hirsch fertig und kann gefüllt werden. Um an seinen Inhalt zu gelangen, gibt es zwei verschiedene Anzapf-Methoden. Beim Bayerischen Anstich (Syphonanstich) verwendet man einen Gummiring als Dichtung. Wilhelm Schmid bevorzugt den Münchner Anstich, auch Schrödelanstich genannt: So schlägt zum Beispiel der Oberbürgermeister zum Wiesn-Auftakt per Schlegel einen Hahn in den mittleren Teil der in der Fassöffnung eingesetzten Holzscheibe (Schrödel). Dazu braucht es allerhand Fingerspitzengefühl. Doch ein schlichter Schraubverschluss käme für Schmid niemals in Frage. „Beim Ozapfn muss es spritzen. Das gehört dazu!"

40 Was waren Winkelschulen?

Moderne Denkfabriken mit einer überschaubaren Schülerzahl in geräumigen Klassenzimmern sind heute Usus. Vorbei die Zeiten, in denen ein Lehrer mit primitiven Mitteln und Tatzenstecken 60 Schüler aus verschiedenen Jahrgängen gleichzeitig beschäftigte. Ehe Bayerns Superminister Maximilian von Montgelas um 1800 mit dem Aufbau eines fortschrittlichen Schulwesens anfing, mussten vor allem ärmere Eltern froh sein, wenn ihre Kinder in Winkelschulen notdürftig das ABC vermittelt bekamen. Dazu lohnt ein Blick auf die Entwicklung des Schulwesens.

Volksbildung führt in und um München lange Zeit ein Schattendasein. Eine Bildungserhebung ergibt Ende des 18. Jahrhunderts, dass die Mehrheit der Münchner Kinder nicht richtig lesen und schreiben kann. Winkelschulen, in Norddeutschland auch Klippschulen genannt, schaffen etwas Abhilfe. Ihnen eilt ein zweifelhafter Ruf voraus. Einerseits tragen diese engen, verwinkelten Anlaufstellen zur Alphabetisierung der Bewohner bei. Andererseits herrschen pädagogisch erbärmliche Zustände. Unterrichtet wird in finsteren Kammern und Schuppen, in denen mangelhaft ausgebildete Winkelmeister ihr spärliches Wissen für einen niedrigen Lohn weitergeben. Den Kindern wird durch Auswendiglernen elementares Allgemeinwissen eingetrichtert, Lesen und Schreiben beigebracht, außerdem werden ihnen Informationen zum Alltag erteilt. Für die Vermittlung von Respekt betreiben die ungeschulten Winkellehrer mehr Aufwand als für die Vermittlung von Inhalten. Nach dem Motto „Am Rohrstock sparen rächt sich nach Jahren" steht in diesen amtlich nicht anerkannten Privatschulen die Prügelstrafe auf der Tagesordnung.

Hier wird die Lehre des Didaktik-Begründers Johann Amos Comenius, der zugunsten einer besseren Welt eine gewaltfreie Erziehung und zwangslose Bildung fordert, ignoriert. Es dauert, bis auch Denkansetze des Pädagogen Johann Heinrich Pestalozzi in der Praxis Form annehmen. Nach Ansicht von Pestalozzi müssen Schüler ihre positiven Kräfte entfalten können, ihre intellektuellen Fähigkeiten sollen harmonisch gefördert werden. Es braucht Zuwendung statt Prügel und Einschüchterung in Pauk- und Drillanstalten.

Die verhassten Winkelschulen, wie sie ab dem 16. Jahrhundert in fast allen Münchner Gassen zu finden sind, entsprechen nicht der Vorstellung von einer lebensnahen freundlichen Schule. Weil ihre Eröffnung und Ausstattung nur einen geringen Geldbetrag erfordert, ergreifen selbsternannte „Schulhalter" dieses freie Gewerbe als Notbehelf und laden durch ein firmenähnliches Schild am Haus in ihre Stube ein. Wer in die Innung der Münchner Schulhalter nicht aufgenommen wird, kann immer noch Winkelmeister werden – zum Ärgernis konzessionierter Zunftmitglieder. Sie führen gegen Winkellehrer einen ständigen Krieg und

Klassenraum um 1950

um 1955

vergleichen Winkelschulen mit Pflanzen, die aus sumpfigem Boden emporschießen und erst verschwinden, wenn das Erdreich gedeihlich bearbeitet wird.

Im Zeitalter der Aufklärung wächst das Bestreben, das Potenzial der Bürger nicht länger brach liegen zu lassen. Das Volk soll geistig und politisch geschult, zum Nachdenken angeregt und von Aberglauben befreit werden. Von einer Verbesserung des Unterrichts erhofft sich der Staat ein leistungsfähigeres Bürgertum. Eltern, die ihre Kinder aufs Feld statt zur Schule schicken, droht eine Geldstrafe. Allerdings scheitert der erste Versuch, ab 1770 in Bayern eine allgemeine Schulpflicht einzuführen. Es fehlt an staatlicher Durchsetzungskraft und finanziellen Mitteln zum Unterhalt von Schulen. Pauschale Ermahnungen bleiben ohne Wirkung. Die inkonsequenten Bestrebungen wecken Gespött. Mit Blick auf den mehr oder weniger folgenlosen „Plan der neuen Schuleinrichtung in Baiern" wird gefrotzelt: „In Bayern ist man gewohnt, die Generalien zu lesen, niederzulegen und liegen zu lassen." Bürgermeistern und Ratsherren sagt man nach, sie hätten Angst, ihre Kinder würden durch Schulbildung schlauer als sie selbst. Außerdem mangelt es in breiten Schichten der Bevölkerung an der Einsicht, dass es auch für Bauern und Dienstboten sinnvoll wäre, lesen, schreiben und rechnen zu können. Die Bildungsbestrebungen wecken nicht nur Gleichgültigkeit, sondern auch Widerstand. In einer Zeit, in der der Staat finanzielle Hilfsquellen auf das Allernötigste beschränkt, will kaum jemand zu Bildungszwecken Opfer bringen. Immerhin läutet das Generalmandat von 1770 den Anfang vom Ende der Winkelschulen ein.

Dass ein bloßes Ausbessern des Schulwesens hoffnungslos wäre, erkennt Bayerns großer Staatsreformer Montgelas. 1802 erklärt er das Schulwesen zur Chefsache. Schließlich verursache nicht die Bildung der Allgemeinheit Revolutionen, sondern Unwissenheit. Per kurfürstlicher Verordnung wird die geistliche Schulaufsicht abgelöst, die Lehrerbildung neu organisiert, und Lehrpläne werden modernisiert. So tritt Anfang des 19. Jahrhunderts die Volksschule in Bayern ins Leben. Fortan sind alle sechs- bis zwölfjährigen Kinder dazu verpflichtet, die Werktagsschule zu besuchen, alle 13- bis 18-Jährigen die Sonn- beziehungsweise Feiertagsschule.

Nun braucht es geeignete Räumlichkeiten und fachkundiges Personal. Bis 1802 war eine schulische Förderung vorwiegend in der Hand von Geistlichen gelegen. Auch mit Inkrafttreten der Reformen werden Pfarrer in die Pflicht genommen, auf die Belange des Schulwesens einzuwirken. Nach und nach werden Winkelschulen beseitigt, um das „Unwesen der Privatlehrer" auszurotten, was nicht von heute auf morgen gelingt. Das Muster einer Landschule, mehrere Klassen zur gleichen Zeit zu betreuen, hält sich bis ins 20. Jahrhundert. Rabiate Erziehungsmethoden sind vielen Bürgern heute noch in Erinnerung. Erst zum Schuljahr 1970/71 schafft der Freistaat die Prügelstrafe offiziell ab. Gab es vor 100 Jahren in München und seinen umliegenden Ortschaften 16 Werktags- und zwei Feiertagsschulen mit insgesamt 5.600 Schülern, so zählt die Landeshauptstadt aktuell 328 allgemeinbildende Schulen, die von rund 120.000 Schülern besucht werden.

um 1955

Waren Karl Valentin und Liesl Karlstadt ein Liebespaar?

Gemeinsam waren Karl Valentin und Liesl Karlstadt unschlagbar. Valentins Glück war es, die Liesl entdeckt zu haben. Liesls Glück war es, von Valentin entdeckt worden zu sein. Lange hält sich der Irrglaube, die beiden seien auch privat unzertrennlich gewesen. Doch ein eheähnliches Verhältnis verband sie nie.

Vermutlich kann Liesl Karlstadt als Valentins große Liebe angesehen werden. Doch Aussicht auf ein Leben als „Frau Fey" hat seine zehn Jahre jüngere Bühnenpartnerin zeitlebens nie. In der Öffentlichkeit spricht Valentin immer vom „Fräulein Karlstadt". Aufgrund von Gerüchten veröffentlicht er sogar die ein oder andere Zeitungsannonce, in der er erklärt, dass sie NICHT seine Frau sei. Für die Ehe wählt er eine andere aus: Gisela Royes. Eine anspruchslose Hausfrau, die als Dienstmädchen in sein Elternhaus gekommen war. Ihr wird wenig Interesse für die künstlerischen Aktivitäten ihres Mannes nachgesagt, obwohl sie ihm unermüdlich als Schneiderin seiner Bühnengarderobe dient. Einmal fragt sie ihn, ob er nicht lieber mit der Liesl verheiratet wäre. Da antwortet er: „Ich brauch' dich und die Liesl."

„Bühnenpartnerin" ist ein schlichter Sammelbegriff für all das, was diese dem Valentin bedeutet. Sie ist Co-Autorin, Co-Regisseurin, Organisatorin, Psychiaterin, Souffleuse und auch Geliebte. Zwar hat sie ab und an Liebesaffären und auch eine längere Beziehung mit einem Chauffeur, aber Karl Valentin vereinnahmt sie jedes Mal wieder für sich. Er duldet keinen Verehrer an ihrer Seite, hat Angst, sie zu verlieren. Auch wenn er die Liesl als unersetzliche Kollegin sieht, so wird sie in der Öffentlichkeit nie als gleichwertige Künstlerin gewürdigt, sondern eher als talentiertes Anhängsel.

Karl Valentin erkennt ihr Talent fürs Komische auf Anhieb. Die Bäckerstochter Elisabeth Wellano, als fünftes von neun Kindern in der Maxvorstadt geboren, arbeitet zunächst als Textilverkäuferin, ehe sie den Weg zum Theater findet. Wie sie später in Aufzeichnungen festhält, ist die erste Begegnung mit Valentin alles andere als harmonisch. „Meine Verehrung für Karl Valentin schlug in Hass um", schreibt sie. Schließlich hatte der verehrte Zuschauer ihren Auftritt als Soubrette mit beleidigenden Worten niedergebügelt. Valentins Geschenk, eine Parodie auf eine richtige Soubrette, nimmt sie dann doch an. Es ist der Beginn einer gemeinsamen Bühnenkarriere. Seine Hochzeit hat Valentin zu dieser Zeit gerade hinter sich und ist bereits zweifacher Familienvater.

In Anlehnung an Valentins Vorbild Karl Maxstadt tauscht Elisabeth Wellano ihren exotisch klingenden Namen gegen „Liesl Karlstadt" aus, sie zeigt sich Valentins aberwitzigsten Einfällen gewachsen und erweist sich als Meisterin der Wandlungsfähigkeit. Mal schlüpft sie in die Rolle eines Lehrbuben, mal verkörpert sie einen Millionärssohn, einen Firmling, einen Clown oder einen Kapellmeister. „Komisch ist", schreibt sie einmal, „dass ich mit ihm immer Männerrollen spielen muss. Es hat mich erst Mühe gekostet, meine weibliche Eitelkeit dabei zu vergessen."

Tal 50 ... im Isartor

Wo das Komikerpaar auftritt, sind Kabaretts und Theater ausverkauft. Meistens laufen Vorstellungen nach demselben Schema ab. Er improvisiert, sie muss ihm folgen. Er spielt sich, sie muss in zig verschiedene Rollen schlüpfen. Ein Beobachter beschreibt das Spiel so: „Das Auftreten bei Karl Valentin ist jeden Abend eine Geburt, und die Liesl Karlstadt ist die Hebamme dazu." Das bestätigt auch Karl Valentin gegenüber einem Reporter. Er sagt: „Wenn ich nicht meine brave Liesl hätt, die auf alles eingeht, was sie noch nicht weiß, könnte jeden Tag das größte Malheur auf der Bühne passieren."

Ein viertel Jahrhundert ordnet sich Liesl auf der Bühne und im Alltag dem Genauigkeitsfanatiker unter. Sie lässt ihn ihr Geld für die Ausstattung eines Gruselkabinetts hinauswerfen, erträgt seine Launen und Eifersuchtsanwandlungen, geht auf seine Ängste und seelischen Komplikationen ein – bis sie 1935 einen Nervenzusammenbruch erleidet und versucht, ihrem Leben ein Ende zu setzen. In einer Zeit mit Depressionen, Klinikaufenthalten und Selbstzweifeln gelingt es ihr, sich von Valentin zu lösen. Später treten die beiden noch ein paar Mal gemeinsam auf, zuletzt im Alten Simpl, wenige Wochen vor Valentins Tod im Jahr 1948.

Liesl bleibt kinderlos und heiratet nie. Mit ihrer zehn Jahre jüngeren Schwester Amalie bleibt sie ihr Leben lang verbunden. Mit ihr fährt sie Ende Juli 1960 zur Erholung in die Garmischer Berge. Dort stirbt sie überraschend an einem Gehirnschlag.

Ob irgendwer die wahre Liesl Karlstadt hinter den Rollen gekannt hat, ist fraglich. Ein Mensch, der sich in Gesprächen öffnet, war sie nicht. Während über Karl Valentin stapelweise Literatur existiert, sind Veröffentlichungen über Liesl Karlstadt rar. Valentins Nachkommen pflegen sein Erbe mit Liebe fürs Detail, seine Enkeltochter bewohnt mit ihrer Familie das Valentin-Haus in Planegg. Von Liesls direkten Angehörigen lebt niemand mehr in München. Ihren Nachlass bekam der Münchner Schauspieler Walter Fiedler (1931-2012), als Liesls Schwester ins Altersheim zog.

Den 39 Jahre jüngeren Frauenschwarm hatte die Liesl beim Bayerischen Rundfunk kennen gelernt, wo er für eine Statistenrolle eingeteilt war. „Des werd scho mehra", ermutigte sie ihn. Walter Fiedler erlebte Liesls späte Solo-Karriere, in der sie in 27 Spielfilmen mitwirkte und als Mutter Brandl zum Rundfunkstar wurde. Er begleitete die Liesl zu Aufführungen, trat mit ihr in dem Stück „Kleine Verwandte" auf, unternahm mit ihr Spaziergänge und ging in ihrer Wohnung an der Maximilianstraße ein und aus. Laut Walter Fiedler hegte sie für ihn Muttergefühle. Kurz vor ihrem Tod bat ihn die Liesl, er möge sich um ihre Dinge kümmern, „wenn ich einmal nicht mehr bin". Sie sagte zu ihm: „Die Amalie macht des foisch. Walter – Du hast den richtigen Riecher dafür." Walter Fiedler, der bis zu seinem Tod im Sommer 2012 ein glühender Karlstadt-Verehrer blieb, machte Bühnenalben, Briefe, Kostüme und Musikinstrumente der Öffentlichkeit zugänglich, indem er Liesls Nachlass dem Münchner Literaturarchiv Monacensia, dem Valentin-Karlstadt-Museum und dem Kabarettarchiv in Mainz überließ.

Wieso spielt man den „Buchbinder Wanninger"?

42

Auf der Suche nach Antworten und kompetenten Ansprechpartnern kann einem schon einmal der Geduldsfaden reißen. Nicht selten haut ein telefonierender Sachbearbeiter genervt mit der Faust auf den Schreibtisch und seufzt: „Ja bin ich denn der Buchbinder Wanninger!?" Dieser Satz ist in Bayern ein geflügeltes Wort.

Gebraucht wird der Ausspruch in Situationen, in denen zum Beispiel ein Büroangestellter oder Antragsteller in einem Amt oder Unternehmen von Mitarbeiter zu Mitarbeiter verwiesen wird, ohne dass er an sein Ziel kommt. Er wird quasi „von Pontius zu Pilatus" geschickt. Die Redensart „sich wie der Buchbinder Wanninger vorkommen" geht auf keinen geringeren zurück als den Wort-Erfinder und Sprach-Akrobaten Karl Valentin. In seinem Sketch „Telefon-Schmerzen" führt der Komiker seinem Publikum Elend und Auswüchse moderner Telekommunikation vor Augen. Eine zeitlos gültige Groteske, von deren Realitätsnähe sich jeder überzeugen kann, der in die Endlos-Warteschleife einer Behörde gerät oder versucht, über die Hotline eines Großunternehmens eine Beschwerde loszuwerden.

Unzählige Male hat der Rundfunk in der Vergangenheit Valentins absurden Sechs-Minuten-Dialog aus dem Jahr 1940 gesendet. Hauptakteur ist der Buchbindermeister Herr Wanninger, der telefonisch von seinem Auftraggeber in Erfahrung bringen will, wohin er die zwölf von ihm fertiggestellten Bücher bringen soll und ob er die Rechnung gleich beilegen soll oder nicht. Anfangs noch hoffnungsvoll erklärt er unterwürfig und etwas gehemmt dem Portier der Baufirma Meisel & Compagnie auf Schriftdeutsch ganz förmlich: „Hier ist Buchbinder Wanninger. Ich möchte nur der Firma Meisel mitteilen, dass ich die

Bücher fertig habe und ob ich die Bücher hinschicken soll und ob ich die Rechnung auch mitschicken soll – bitte!" Nun beginnt die Odyssee: Vom Portier wird er zur Sekretärin, von ihr an die Direktion und von dieser an die Verwaltung weitergeleitet, dann an die Nebenstelle 33, von der weiter an Ingenieur Plaschek, der ihn zum Architekten Klotz durchstellt. Auch dieser fühlt sich nicht zuständig und verbindet den armen Buchbinder, der jedes Mal aufs Neue sein umständlich formuliertes Anliegen vorträgt, zu Direktor Hartmann und wird von diesem an die Abteilung III weiterverwiesen. Wanninger wird immer nervöser, verhaspelt sich, verwurschtelt Bayrisch mit Hochdeutsch, und ehe er sich's versieht, wird er schon an den nächsten Ansprechpartner vermittelt, ohne die ersehnte Auskunft erhalten zu haben. Nach neun ergebnislosen Versuchen landet er bei der Buchhalterin der Firma Meisel & Compagnie. Sie ist offenbar die richtige Zielperson. Doch als sie im Begriff ist, Wanninger zu instruieren, ertönt ein Gong und die Dame fertigt ihn schnippisch ab mit den Worten: „Rufen Sie bitte morgen wieder an, wir haben jetzt Büroschluss!" Verdattert stammelt der Buchbindermeister: „Jawohl – danke – entschuldigen Sie vielmals bitte." Resigniert lässt er den Hörer auf die Telefongabel sinken und knurrt: „Saubande, dreckade!"

Valentin hasste jede Form von Bürokratie. Wohin übersteigerte Obrigkeitshörigkeit und festgelegte Kompetenzen innerhalb einer starren Hierarchie führen können, macht er auch im „Brillantfeuerwerk" deutlich. In dem Stück muss er als Feuerwehrtrompeter das Signal zum Löschen geben, nicht mehr und nicht weniger. Obwohl ihn eine Frau, die aus einem brennenden Haus herausstürzt, verzweifelt anfleht, ihr Kind aus dem fünften Stock zu retten, erklärt ihr Valentin in aller Seelenruhe: „Liebe Frau, das geht mich nichts an, das müssen Sie dem Feuerwehrmann sagen, ich bin der Trompeter. Aber dass Sie sehen, dass ich auch tue, was in meinen Kräften steht: Blasen tu ich Ihrem Kind schon, dass es runterkommen soll."

Ob sich der Komiker für die Figur des Trompeters eine reale Figur zum Vorbild genommen hat, ist nicht überliefert. Häufig nahm sich Valentin stadtbekannte Originale, spleenige Figuren der Randgesellschaft oder liebenswerte Menschen aus seinem persönlichen Umfeld zur Vorlage. Auch für Namen von Personen ließ er sich oft im Alltag anregen. Als Stammgast im damaligen Kaffeehaus an der Fraunhofer-/Ecke Klenzestraße faszinierte ihn der Konditormeister Engelbert Wandinger. Ein musikalischer, kreativer und sozial eingestellter Handwerker, der bis in die 1970er Jahre im Café am heutigen Standort der Commerzbankfiliale seine legendären Zwetschgenbavesen unter die Leute brachte. Über dem Eingang Klenzestraße 51 verweist die Aufschrift „Engelbert Wandinger Haus" an die Wirkungsstätte des Obermeisters der Konditoren-Innung Bayern.

TELEPHONIES

Ader 1879
Mildé 1892
Bailleux Ader 1893
Ericsson 1894
Grammont 1920
Berliner mobile 1909
1927
1935

Für seinen Telefon-Sketch wandelte Valentin den Namen des beliebten Konditors ab, taufte seinen Buchbinder „Wanninger" und benannte nach Wandingers Tante Plaschke, die Valentin immer wieder Giraffenkuchen serviert hatte, den sechsten Ansprechpartner im Telefon-Sketch „Ingenieur Plaschek". Neben Valentins launigem Tondokument verweist ein altertümliches Telefon im Valentin-Karlstadt-Musäum auf die Kommunikationsfallen unserer Leistungsgesellschaft.

Welches ist das älteste Kino? 43

Multiplex-Filmpaläste, Internet und veränderte Lebensgewohnheiten bedeuten für immer mehr alteingesessene Kinos das Aus. Aber es gibt sie noch, die urgemütlichen Traumfabriken ohne Blockbuster und Massenabfertigung. Schon 1907 feierte das Gabriel Filmtheater Eröffnung. Seit die Liebfrauenpassage-Lichtspiele (Lipali) im Zweiten Weltkrieg zerstört wurden, ist es das älteste Kino Münchens.

Seinen Eintritt ins neue Unterhaltungszeitalter verdankt München einem Entertainer der obersten Liga: Carl Gabriel. Noch im 19. Jahrhundert bringt er Volksfestattraktionen auf die Theresienwiese und wird als Oktoberfest-Schausteller gefeiert. Mit Völkerschauen, Teufelsrad und Hippodrom verführt Carl Gabriel die Wiesngänger zum Staunen, Lachen und Träumen. Um eine brandneue Sensation nach München zu holen, lässt er sich von den französischen Brüdern Lumière in die Geheimnisse der Kinematographie einweihen. 1896 ist Premiere: Der Pionier der Filmkunst zeigt in seinem Panoptikum die erste „Vorführung lebender Bilder" in München. Die Präsentation dauert nur ein paar Minuten, der zig Meter lange Filmstreifen bietet ein flimmerndes Bild, das die Augen der Zuschauer schmerzen lässt. Aber ein Anfang ist gemacht. Wanderkinos auf Volksfesten und Jahrmärkten geben den Zuschauern einen Vorgeschmack auf die Epoche des Kinematographentheaters.

Münchens erstes Lichtspielhaus, ein Kino am Dom, bietet zwar bereits 1906 einstündige Filmvorführungen mit Klavierspieler und Filmerklärer an. Doch primitive Ausstattung, stickige Luft und Misstrauen gegenüber der modernen Kunstform halten die Anfangseuphorie in Grenzen. Nur wenige Kulturbegeisterte können sich vorstellen, nach 19 Uhr in ein Kino zu gehen. Anfangs lässt Anton Plankl seinen Welt-Kinematographen oft bloß für einen einzigen Besucher laufen, nur um das Publikum ans Kino zu gewöhnen.

Als Carl Gabriel 1907 sein eigenes Kino eröffnet, muss er sich schon etwas einfallen lassen, um die Münchner dazu zu bewegen, an die Dachauer Straße zu kommen, auf einer Holzbank auszuharren und sich in miefiger Umgebung einem Medium zu widmen, das als Mittelding zwischen technischem Wunder und niederster

Volksbelustigung gilt. Auf Werbeplakaten werden mit Vermerken wie „Hoch interessant!" Filme angekündigt mit sperrigen Titeln wie „Das Leben des Arbeiters über und unter der Erde unter Berücksichtigung seiner Gefahren". Erneut erweist der findige Unternehmer Ideenreichtum: Während der Vorstellung lässt Carl Gabriel Schokolade verteilen, bietet Wurstsemmeln an und verkauft Bier in Masskrügen, die der Zuschauer in Drahtgestellen an der Rückenwand der Vorderbank unterbringen kann. Er zeigt rührende Dramen, groteske Lustspiele und bald schon die ersten Tonfilme.

Immer mehr Lichtspieltheater schießen aus dem Boden, 1913 sind es laut Jahrbuch der Filmindustrie 45. Stehen 1914 noch 7.300 Plätze zur Verfügung, so können Ende der 1920er Jahre mehr als 2.7000 Bürger gleichzeitig ins Kino gehen. Diese Blütezeit wie auch die Wirtschaftskrise erlebt Carl Gabriel noch mit. Er stirbt 1931 kinderlos, die Ingolstädter Kinobesitzerfamilie Büche kauft das Lichtspielhaus ein paar Jahre später Gabriels Erbengemeinschaft ab.

Lange Zeit ermöglichen Filmtheater vor allem den kleinen Leuten in den Vorstädten zu erschwinglichen Preisen Fluchten aus dem Alltag. Mit dem Aufkommen des Fernsehens Ende der 1950er Jahre machen es sich viele Münchner dann doch lieber daheim auf der Couch bequem. Viele der 130 Spielstätten, die 1957 den Höchststand der Kinostatistik markieren, machen nach und nach dicht. Das Gabriel Filmtheater hingegen bahnt sich mit harmlosen Sex-Filmchen in den 60ern und „Filmen nur für Erwachsene" in den 70ern seinen Weg durch die Besucherflaute ins 21. Jahrhundert. Heute wird es als Repertoire-Kino in vierter Generation als Familienunternehmen betrieben und zeigt Kassenschlager sowie preisgekrönte Nischenfilme.

Nachdem zuletzt im Atlantis, im Tivoli und im Filmcasino am Odeonsplatz die Lichter ausgingen, stehen derzeit im Stadtgebiet 38 Spielstätten mit insgesamt 79 Sälen zur Auswahl. Von den Kinos, die aus der Vorkriegszeit übriggeblieben sind, vermitteln neben dem Gabriel Filmtheater unter anderem noch das ABC-Kino (Eröffnung 1914), das Filmtheater Sendlinger Tor (1913), die Museum-Lichtspiele (1910) und das Neue Arena (1912) typisches Kino-Ambiente, in dem das Filmerlebnis im Mittelpunkt steht.

Was ist ein Stenz?

44

Im Münchner Wortschatz finden sich Wörter, die ins Bedeutungslose abdriften, weil sie kaum noch jemand verwendet. Aber gab es überhaupt jemals die münchnerische Sprache? Spricht das nicht eher ein Bayer, der versucht, hochdeutsch zu reden? Da wird dann aus dem Diaggl ein Grobian, aus dem Gloiffe ein einfältiger Mensch, aus dem Muhakl ein Muffel und aus dem Haumdaucha ein Mann mit zwei linken Händen. Doch wenn von einer besonderen Spezies die Rede ist, gibt es nur einen Begriff, nämlich den Stenz. Was genau bedeutet das?

Der Prototyp dieser Kategorie hat einen Namen: Monaco Franze. Wie kein anderer verkörpert Helmut Fischer in Dietls 1980er-Jahre-Serie den Schürzenjäger, der München liebt und seine reiche Ehefrau immer wieder um den Finger wickelt. Zwar galt Helmut Fischer als zuverlässig, übertrieben vorsichtig und zwanghaft pünktlich, doch verband ihn mit der Kultfigur eine große Sympathie für menschliche Schwächen und weibliche Stärken. Der lange Zeit glücklose und unbekannte Schauspieler, dem der Rektor bei seinem Rauswurf aus der Oberrealschule riet, lieber als Schaffner bei der Straßenbahn anzuheuern, gab später dem urbanen Münchner Stenz ein Gesicht. Und das aus Überzeugung. Ähnlich wie Karl Valentin war Helmut Fischer der Ansicht: „Niederlagen, Vergeblichkeiten und Schlappen reizen meinen Sinn fürs Komische. Siege sind von Natur aus einfach humorlos."

So schert sich der wahre Stenz nicht um Etikette und Konventionen. Er braucht keine Statussymbole und beruflichen Erfolge, er lässt beim Picknick mit hübschen Damen im Englischen Garten lieber die Seele baumeln, während seine Ehefrau in ihrer Antiquitäten-Boutique schauen muss, dass sie über die Runden kommt. Der Stenz ist charmant, unerschütterlich und macht aus jeder noch so misslichen Lage das Beste. Vor allem fliegen die Frauen auf ihn. Schließlich ist der Stenz, unter dem begrifflich auch ein „Wanderstab" beziehungsweise ein „Nichtsesshafter" zu verstehen ist, stets auf der Stanz. Er hält Ausschau nach Jagdbeute, um amouröse Abenteuer zu erleben. Im Gegensatz zum besitzergreifenden Macho geht er viel eleganter und zurückhaltender vor, verwendet keine skrupellosen Machtmittel, sondern genießt das Spiel der Verführung. Eine Niederlage zerrüttet nicht sein Selbstwertgefühl, sondern macht den Reiz des Spiels erst aus. Laut Star-Regisseur Helmut Dietl ist der Stenz „von etwas windiger Eleganz", außerdem „legt er Wert auf Umgangsformen beziehungsweise das, was er dafür hält, und schafft es, das oberste Ausstrahlungsziel dabei nicht aus den Augen zu verlieren: immer cool und lässig zu sein".

In erster Linie ist er eine Rarität. Wer seinem Lebensgefühl nachspüren möchte, könnte fürs Erste zum Café Münchner Freiheit spazieren. Dort genießt der ewige Stenz als Bronze-Figur den Blick auf die Passanten. Auch in diesem Café hatte Helmut Fischer seinen „Katerplatz" – eine Position, von der aus man das Geschehen überblicken kann, jedes Wesen hereinkommen sieht, von der Sonne angestrahlt wird und wenn möglich Streicheleinheiten abbekommt. Immer auf der Lauer nach wohlgerundeter Weiblichkeit.

An der Münchner Freiheit

Wer war die „Schöne Münchnerin"?

45

Um die Schönsten im Lande zu ermitteln, werden immer wieder Wettbewerbe ausgerufen, Berge von Bewerbungen inspiziert, Gesichter und Körpermaße auf Makel geprüft. Helene Sedlmayr hatte ein solches Auswahlverfahren nicht nötig. Der König persönlich entdeckte den Inbegriff der schönen Münchnerin. Er ließ das Mädchen porträtieren und machte es unter Besuchern aus aller Welt berühmt.

Dass König Ludwig I. der Chiemgauer Schuhmachertochter in den Anfangsjahren seiner Amtszeit zufällig begegnet, mag dem charismatischen Monarchen damals wie ein Wink des Schicksals erscheinen. Das Mädchen, das sofort seine Aufmerksamkeit weckt, ist nicht nur bildhübsch, sondern hat im Gegensatz zu seiner späteren Geliebten Lola Montez auch einen einwandfreien Ruf. Helene Sedlmayr, die ab ihrem 14. Lebensjahr zunächst als Dienstmagd in Altötting und bald darauf in München arbeitet, werden im Dienstbücherl Fleiß und Treue bescheinigt, außerdem sei sie "brav und reinlich".

1830 heuert sie bei dem Münchner Kaufmann Auracher als Dienstbotin an und liefert für dessen Spielwarengeschäft mit Sitz an der Brienner Straße Spielzeug an Kunden aus. So auch für den bayerischen Hof. Wie damals üblich, lässt Königsgattin Therese die gekauften Weihnachtsgeschenke für ihre Prinzen zum Sommerwohnsitz liefern. Helene wird ins Schloss Nymphenburg geschickt und läuft dort dem König über den Weg. Den Kunst- und Frauenliebhaber Ludwig zieht die 17-Jährige sofort in ihren Bann. Anreiz genug, um fortan persönlich in Aurachers Spielzeugladen nach Geschenken für die Königskinder zu schauen. Weitere Begegnungen mit Helene festigen seinen Entschluss: Das bildhübsche Mädchen mit seinen dunklen Locken und sinnlichen Lippen gehört in seine Schönheitengalerie! Darin stellt er landes- und standesübergreifend ausschließlich "schöne Köpfe" zur Schau. So kauft ihr der König eine Altmünchner Tracht und beauftragt Josef Stieler, Helene samt Riegelhaube, Halstuch und silbernen Ketten am Mieder zu malen. Zart und märchenhaft verträumt verewigt sie der Hofmaler in Öl – und damit im Bewusstsein der Bevölkerung. Der Umsatz von Aurachers Spielzeugladen steigt daraufhin sprunghaft an.

Jegliche Empörung über die Motivwahl prallt an dem Monarchen ab. Eine einfache Schuhmacherstochter vom König umworben! Wenn es um Frauen und Ausgaben für Kunstwerke geht, ist Ludwig kein Weg zu weit und kein Preis zu hoch. Auch den weiteren Lebensweg seiner begehrten Untertanin will er fürsorglich mitgestalten und stellt ihr einen Wunsch frei. Helene wünscht sich die Heiratserlaubnis. Zwar fehlt es zu diesem Zeitpunkt an einem Bräutigam, doch nutzt sie die Gunst der Stunde, sich eine mögliche Verehelichung, die dem Volk seinerzeit der Genehmigungspflicht unterliegt, vorsorglich offenzuhalten. Mit der Erlaubnis verknüpft der König eine Bedingung: Er will bei der Wahl des Ehegatten ein Wörtchen mitreden. Einige Bewerber lehnt Ludwig ab. Eine hohe Meinung hat er allerdings von seinem treuen Diener Hofmarschall Miller. Ihm vertraut er die begehrte Schönheit an. Schon bald wird Hochzeit gefeiert, Helene bekommt neun Söhne und eine Tochter.

Noch vor ihrem Tod mit 85 Jahren sieht sie in die Schönheitengalerie auch Aristokratinnen, Fürstinnen und Prinzessinnen einziehen, die der König aufnimmt, um "das Niveau der Galerie zu heben". Der Stern unter den 36 Gemälden bleibt aber das schwarzhaarige Mädchen aus dem Volk.

Helene Miller, geb. Sedlmayr (1813 – 1898)

Warum durfte ein Bierbrauer in die Ruhmeshalle? 46

Theresienhöhe 16

Große bayerische Persönlichkeiten werden in Marmor gehauen. 98 Büsten aus dem Gestein, das für Dauerhaftigkeit steht, zieren die Ruhmeshalle auf der Theresienhöhe. Neben Erfindern wie Reichenbach und Senefelder, Baumeistern wie Klenze und Gärtner, Malern wie Spitzweg und Rottmann sowie Dichtern wie Balde und Brecht ziert seit über 100 Jahren ein Bierbrauer die mächtige Säulenhalle: Joseph Pschorr. Im Münchner Ehrentempel ist er der einzige seiner Zunft. Pschorr hat sich in besonderer Weise um Volk und Staat verdient gemacht.

Allein sein Werdegang macht Pschorr zu einem Exoten: vom Kleinhaderner Bauernbuben zur Brauer-Ikone.

Schon als Kind ist er fasziniert vom schimmernden Gerstensaft, den sein Großvater so gerne trinkt. Er beschließt, Brauer zu werden. Seine Eltern sind dagegen, dass ihr einziges Kind in die große Stadt abwandert, seine sieben Geschwister waren früh gestorben. Dann legt eines Nachts eine Fremde am Hof der Pschorrs ein Findelkind ab. Die Familie nimmt es auf, und damit ist ein neuer Hoferbe da. Mit fünfzehn Jahren darf Joseph gehen.

Ab 1785 erlernt Joseph Pschorr in München das Brauhandwerk und wird Brauknecht bei Paul Hacker, der den Betrieb von seinem Vater Simon Hacker geerbt hat. Dem geschickten, fleißigen Burschen gelten alle Sympathien des nicht besonders erfolgreichen Chefs. Paul Hacker überlässt ihm für ein paar tausend Gulden seine marode Brauerei an der Sendlinger Straße und gibt ihm seine Tochter zur Frau.

Mit einem sparsamen Trocknungsverfahren in der Mälzerei sowie einer besseren Lagerung und Haltbarmachung des Bieres verwandelt der geschickte Kaufmann die Hackerbrauerei 1806 zur größten Braustätte in München. Nahe der Hackerbrücke errichtet er eine Bierfestung mit deutschlandweit einmaligen Lagerkellern. Mit Natur-Eis gekühlt lagert das Bier bei optimalen Temperaturen in zwölf Metern Tiefe. Der Grundstein für Biergärten ist gelegt. Nun kann das Bier auch im Sommer frisch gehalten und damit ganzjährig gelagert werden. Anfang des 19. Jahrhunderts richtet Pschorr den allerersten richtigen Biergarten ein.

Von Pschorrs Erfolgen profitiert die Isar-Metropole in großem Umfang. Der Unternehmer schafft Arbeitsplätze, steigert Münchens Wirtschaftskraft und fördert das Ansehen der Stadt.

Als Marktführer will der „König der Münchner Brauherrn" seinen Söhnen Georg und Mathias jeweils eine eigene Brauerei hinterlassen. So kauft er den insolventen Bauernhanslbräu an der Neuhauser Straße auf, baut die Braustätte aus und benennt sie um in Pschorr-Brauerei. Bald schon ist der Bierbaron größter Steuerzahler der Stadt. Die Betriebsübergabe überlässt er dem Glück: Seine Söhne müssen ums Erbe würfeln! Georg bekommt die Pschorr-, Mathias die Hackerbrauerei. Ihr Vater zieht sich mit 64 Jahren auf sein Anwesen am heutigen Marienplatz zurück. Auf seine alten Tage nimmt Pschorr kauzige Züge an. Als eingebildeter Kranker verhungert er 1841 nachdem er überhaupt nichts mehr zu sich genommen hatte. Zu seiner Beerdigung am Alten Südfriedhof kommen tausende Trauergäste.

Seit der Zusammenführung der Brauereien Hacker und Pschorr im Jahr 1972, bei der aus den vorhandenen Rezepturen eine wurde, bereichert Pschorrs Erbe den weltweiten Biermarkt. Die Hacker-Pschorr-Bräu AG ist heute Teil der Schörghuber-Gruppe.

War der Märchenkönig im Volk beliebt? 47

Wenn von König Ludwig II. die Rede ist, geht es um Egozentrik, Spinnereien und Verschwörungstheorien. Der Mythos um ihn liefert Stoff für Kitsch und Kommerz, seine Schlösser lassen im Freistaat den Rubel rollen, Touristen dient er als Symbol für Bayern, und zahlreiche Vereine verehren ihn in schwärmerischer Zuneigung mit Bildern, Liedern und Ritualen. Heute ist der Märchenkönig Kult. Aber wie war das früher? Mochte ihn das Volk?

Verehrung kommt zu Ludwigs Lebzeiten überwiegend aus der ländlichen Bevölkerung. Die Münchner und die bayerische Regierung haben damals ein distanziertes Verhältnis zu ihm. Und er zu ihnen. Einmal verspottet Ludwig seine Haupt- und Residenzstadt als „verfluchtes Nest" und spielt mit dem Gedanken, die Residenz nach Nürnberg zu verlegen. Auf diese Idee bringt den damals 21-Jährigen eine einmonatige Frankenreise, die für ihn zu einem beispiellosen Triumphzug wird. In allen Städten Frankens wird er von seinen Untertanen umjubelt. Doch die Herzen der Münchner erwärmt Ludwig nicht. Erst als er stirbt, gibt es einen Trauerzug, wie ihn Bayern noch nie gesehen hat. Tausende von Trauergästen säumen unter Tränen die Wegstrecke des Leichenwagens und verabschieden sich betend am offen aufgebahrten Leichnam von ihrem König. Unbeliebte Menschen verabschiedet man anders.

Bis heute wirft man Ludwig vor, er habe zu viel Geld für Schlösser verprasst, sich vor politischer Verantwortung gedrückt und den Unruhestifter Richard Wagner zu sehr gefördert. Neue Forschungsergebnisse rücken diese Vorwürfe aber in ein anderes Licht. Ludwig steckt ein Vermögen in den Schlösserbau – aber aus seiner Privatschatulle. Andere Herrscher vor ihm haben viel mehr Schulden gemacht und noch dazu in die Staatskasse gegriffen. Auch das weitverbreitete Klischee des weltabgewandten, unpolitischen Märchenkönigs stimmt nicht. Der bayerische Monarch leidet seinerzeit unter der zunehmenden Beschränkung seiner Möglichkeiten. Aufgrund der geltenden Verfassung kann er nicht uneingeschränkt handeln. Ankreiden können ihm die Bürger, dass er seine Paläste nur für sich haben und nach seinem Ableben sprengen lassen wollte, „denn der Blick des Volkes besudelt meine Schlösser". Kritikwürdig scheint auch die Tatsache, dass sich Ludwig viel zu selten auf dem Oktoberfest blicken läßt und sich lieber in der Abgeschiedenheit der Berge aufhält. Aber es gelingt ihm, auch Hochstimmung auszulösen. So fällt die Gründung der Technischen Universität München in seine 22-jährige Amtszeit und sein vom einfachen Volk begrüßter Kampf gegen das aufdringliche Vormachtsstreben der Preußen. Ludwig zettelt keine Kriege an und sichert Bayern ein Mindestmaß an Selbstständigkeit.

Zum Vorbild nimmt sich Ludwig den absolutistischen Sonnenkönig aus Frankreich. Doch er dagegen ist alles andere als skrupellos. Was das Volk über ihn denkt, ist dem eigenbrötlerischen Monarchen nicht egal. Einem amerikanischen Journalisten vertraut er einmal an, wie sehr ihn Beleidigungen und abfällige Zeitungsartikel belasten. „Ich kann wahrhaftig ohne Übertreibung sagen, dass ich von Natur aus wohlwollend und großzügig bin", beteuert er. Außerdem verkündet Ludwig kurz vor seinem Tod in einer Proklamation: „Ich fühle mich mit meinem geliebten Volk eins und bin fest überzeugt, dass mein Volk mich gegen den geplanten Hochverrat schützen wird." Für jeden Königstreuen ist dieser Aufruf ein Beleg für Ludwigs Zuneigung und Vertrauen zum Volk.

Was der Monarch dem Volk wirklich bedeutet, zeigt sich vor allem nach seinem geheimnisumwitterten Tod. Viele Bürger verlieren über Nacht eine Identifikationsfigur. Königstreue bringen Postkarten in Umlauf, die Ergebenheit und Wertschätzung beteuern. Ein aufgedruckter Absatz huldigt ihm mit den Worten „Ganz Bayern will ihm danken, im Allgäu und in Franken. Auch Oberpfälzer, Schwaben, woll'n wieder ihren König haben!"

Wo ruhen die Bayern-Könige? 48

Gruft in der St. Michaelskirche, Neuhauser Straße 6

Bayerns verstorbene Könige ruhen auf keinem Friedhof. Üblich war die Beisetzung in kunstvoll gestalteten Prunksärgen, die in speziellen Grablegen ihren Platz fanden. In München gibt es vier Fürstengrüfte.

Die meisten Könige liegen unter der Theatinerkirche. Als die dortige Fürstengruft Ende des 17. Jahrhunderts fertiggestellt ist, lässt Kurfürst Max Emanuel über dem Eingang eine lateinische Inschrift anbringen: „Was sterblich ist an ihnen, hinterließen hier Bayerns erlauchte Fürsten." Beigesetzt werden in den folgenden Jahren Max Emanuels Eltern Ferdinand Maria und Henriette Adelaide, denen das Theatinerkloster und das Schloss Nymphenburg zu verdanken sind. Insgesamt befinden sich fast 50 Wittelsbacher in dieser Gruft. Auch Bayernkönig Max I. Joseph, der mit seinem Superminister Maximilian von Montgelas aus Bayern einen modernen Verfassungsstaat gemacht hat, findet darin im Jahr 1825 die letzte Ruhe.

Sein Sohn König Ludwig I. wählt eine andere Örtlichkeit für die Unterbringung seiner Gebeine. Noch gut hat er den Eklat um die Beisetzung seiner evangelischen Stiefmutter in der Theatinerkirche in Erinnerung. Weil auch seine eigene Frau Therese evangelisch ist, beauftragt er den Architekten Georg Friedrich von Ziebland, in der Nähe des Königsplatzes eine Basilika im romanischen Stil zu errichten. Dort lässt er schon zu Lebzeiten seinen Sarkophag aufstellen. Als Therese 1854 der Cholera zum Opfer fällt, wird sie vorläufig in der Theatinerkirche beigesetzt und dann in die St. Bonifaz-Kirche überführt. Ihr Mann folgt 1868. Auch wenn Ludwigs Herz zeitlebens für München schlug, verlässt es schließlich seine Traumstadt. Es wird wie die Herzen der Könige Max I. Joseph, Ludwig II. und vieler anderer Wittelsbacher traditionsgemäß in der Altöttinger Gnadenkapelle beerdigt. Auf der Herz-Urne sind die Worte „gerecht und beharrlich" eingraviert. Als der Verstorbene in den Sarg gebettet wird, legen die Leichenbestatter seinen Ehering an die Stelle des Herzens.

Der dritte Bayernkönig und seine Frau, Max II. und Marie, sind oberirdisch beigesetzt. Ihre monumentalen Sarkophage befinden sich in der Theatinerkirche in einer Seitenkapelle des Hauptschiffs. Auch wenn einer von Max' Vorgängern die als „Vorratskeller stinkiger Luft" verspotteten Fürstengrüfte am liebsten aufgelöst hätte, so wird auch der unterirdische Gedenkraum der Theatinerkirche bis heute gepflegt. Dort können zum Beispiel die Särge von Max' Bruder Otto, einst König von Griechenland, und Prinzregent Luitpold besucht werden.

Die Jesuitenkirche St. Michael in der Fußgängerzone entsteht Ende des 16. Jahrhunderts nicht nur als Bollwerk des Katholizismus gegen die Reformation, sondern ist von Anfang an als Grablege des Hauses Wittelsbach gedacht. Herzog Wilhelm V., der mit dem Bau der Kirche und der Förderung der Jesuiten den Katholizismus im Volk festigen wollte, liegt dort ebenso begraben wie neben etwa 40 anderen sein Sohn, Bayerns erster Kurfürst Maximilian I., sowie der regierungsunfähige König Otto und sein Bruder, der weltweit berühmteste Monarch Bayerns: Märchenkönig Ludwig II. Nach seinem geheimnisumwitterten Tod begleitet ein Trauerzug mit tausenden von Teilnehmern seinen Sarg von der Residenz zur St. Michaelskirche, wo der einbalsamierte Leichnam offen aufgebahrt und feierlich beigesetzt wird. Noch immer schmücken frische Blumen den Sarg. Noch immer gibt es Forderungen, den Sarg zu öffnen, um die „wahre" Todesursache zu klären. Doch die Wittelsbacher haben die Hand darauf. Sie wollen die Totenruhe nicht stören.

Bayerns letzter König, Ludwig III., ruht in der Frauenkirche. Dort befindet sich die älteste Wittelsbacher Fürstengruft. Sie erleidet im Zweiten Weltkrieg schwere Zerstörungen, so dass die Särge vorübergehend ausgelagert werden müssen. Kronprinz Rupprecht lässt den Dom und seine Grüfte wiederherstellen und die Särge der Könige, Herzöge und Grafen nach einem akribisch angelegten Plan in Grabnischen in den Wänden einmauern.

Die Fürstengrüfte können werktags zu ihren jeweiligen Öffnungszeiten besichtigt werden, in der Theatinerkirche ist dies nur von Mai bis September möglich.

Wer waren die Halbstarken?

Dass die Schwabinger Leopoldstraße bei Großereignissen wie Fußballsiegesfeiern oder Streetlife-Festival für den Verkehr gesperrt wird, ist heute selbstverständlich. Dann hüpfen Tausende von Feierlustigen ausgelassen über die Fahrbahnen, gepuscht von Bongo-Getrommel und Oh-wie-ist-das-schön-Gesängen. Ein öffentlicher Ort als Partymeile – das ist aufmüpfigen Jugendlichen und Studenten zu verdanken, die uns diese bürgerliche Freiheit und behördliche Toleranz in den 50er, 60er und 70er Jahren des vorigen Jahrhunderts erkämpft haben.

Die Halbstarkenszene hat ihre Blütezeit in den Wirtschaftswunder-Jahren nach dem Zweiten Weltkrieg. Während Vollbeschäftigung und Hochkonjunktur Arbeit und Geld bringen, rebellieren Teenager aus der Arbeiterklasse gegen Verbote, Zwänge und kleinbürgerliche Spießigkeit. Von Weltanschauung und Politik wollen sie nichts wissen.

Cliquen wie die Neuhauser Rio-Blosn, die Westend-Blosn oder die Brudermühl-Blosn demonstrieren Respektlosigkeit und Angstfreiheit und provozieren die Erwachsenen schon durch ihr Erscheinungsbild. Oft weiß man nur den Spitznamen wie Biwe, Baron, Profi oder Gandhi. Andere heißen Metzger-Leo oder Maurer-Mane.

Inspiriert von amerikanischen Vorbildern, zum Beispiel Marlon Brando und Elvis Presley, tragen die jungen Männer Lederjacken, Jeans, weiße T-Shirts oder großkarierte Hemden, dazu eine mit Schmierfett konstruierte Schmalzlocke. Mädchen grenzen sich durch enge Caprihosen, schwarze Kleidung, ausgeschnittene Pullis und Pferdeschwanzfrisuren von den braven Petticoat-Mädels ab.

Mangels Alternativen verbringen die Jugendlichen ihre Freizeit vorwiegend im Freien. Jedes Münchner Viertel hat damals seine eigenen Halbstarkentreffpunkte. In Neuhausen werden unter anderem der Rotkreuzplatz und die ehemalige Max-II-Kaserne bevorzugt, aber auch Tankstellen, Kinos, Parkplätze und Auto-Scooter auf Volksfesten sind beliebte Aufenthaltsorte.

Unter den hauptsächlich männlichen Banden-Mitgliedern gibt es Rituale, Wetten, Kraftmeiereien und Mutproben. Für viel Gesprächsstoff sorgt der lebensgefährliche Sprung des 17-jährigen Neuhausers Manfred Grauvogl. Wegen 15 Mark Wetteinsatz springt er am 12. Mai 1958 kopfüber von der Großhesseloher Brücke in den Isarkanal. Er übersteht den 31-Meter-Sprung unverletzt. Sein Kommentar am Isarufer: „Des Wassa is no ziemlich koid."

Mit Pöbeleien und Randalen wirbeln die 14- bis 21-jährigen Rebellen die öffentliche Ordnung durcheinander. So legen sie zum Beispiel im Sommer 1956 mit Fahrrädern und auffrisierten Mofas den Verkehr am Stiglmaierplatz lahm, fesseln einen Berufsschullehrer an den Klassenofen und fegen auf der Auer Dult Polizeibeamte an, weil diese sie nach der Schlussstunde vom Mariahilfplatz vertreiben wollen.

Solche Vorfälle beschäftigen auch den Landtag. Zur Bekämpfung der Umtriebe fordern angriffslustige Politiker Überwachung, Strafe und Gewaltanwendung. Allerdings findet die vermeintlich verrohte Generation auch Fürsprecher. „Boogie-Woogie-Tänzer und Mädchen in Schlauchhosen sind für die Gesellschaft keine Gefahr", verteidigt ein SPD-Abgeordneter die Jugend, die nicht schlechter sei als die Jugend eh und je. „Sie ist nur anders."

Das ist nicht verwunderlich, sind die Minderjährigen doch vor oder während des Krieges geboren. Erst verloren sie den Vater an die Wehrmacht, dann die Mutter an die Fabrik und schließlich die Wohnung durch den Fliegerangriff. Wie Jugendamtsdirektor Kurt Seelmann seinerzeit darlegt, kennen diese Halbwüchsigen kein normales Familienleben. Viele sind Halbwaisen oder erleben belastete Ehen mit Kriegsheimkehrern, die krank, ausgemergelt und still zurückgekommen sind. Vätern fehlt es an Autorität, an Antworten auf Fragen zu Verbrechen der Nazi-Zeit und an geeigneten Erziehungsmethoden. Drill und Strenge daheim und in der Schule spiegeln sich im Verhalten der Kinder und Jugendlichen wieder.

Mit dem neuen Ideal der harmonischen Kleinfamilie entsteht zu Beginn der 1950er Jahre eine Heile-Welt-Fassade, in der Sauberkeit, Ordnung und Anstand angesagt sind. Man will durch sein Verhalten nicht auffallen und optisch korrekt aussehen. Was könnten denn sonst die Leute reden?

Bei so viel Anpassung und hausbackenem Biedermeier-Gehabe brauchen die Jugendlichen ein Ventil.

Das macht sie empfänglich für das Lebensgefühl, das die Amerikaner mit nach München bringen. Jetzt gibt es Coca-Cola, Kaugummis und Zigaretten, „Schundhefte" von Jerry Cotton und James-Dean-Filme, Ami-Musik und Rock'n'Roll. Erwachsene wiederum schimpfen auf „Negergedudel" und Entenschwanzfrisuren, verteufeln den heißen Swing-Tanz „Jitterbug" und würden Halbstarken-Boazn samt Kicker, Flipper und Jukebox am liebsten verbieten lassen.

Jugendamtschef Kurt Seelmann wertet die Taten der Halbstarken, die sich am Rande der Kriminalität bewegen, als Hinweis auf Fehlentwicklungen in der Gesellschaft. Weil eine Statistik ergibt, dass Kinder während der Ferien aufgrund von Langeweile mehr anstellen als während des Schuljahrs, ruft er das Ferienprogramm ins Leben. Gemäß seinem „Münchner Konzept" lädt der Pädagoge Eltern zu Vorträgen über Erziehungsprobleme ein, verteilt Flugblätter mit Erziehungstipps, gibt Spielanregungen für fröhliche Familienabende, etabliert die Jugendgruppenarbeit und lässt Freizeitheime eröffnen. Außerdem wird ein Jugendkulturwerk gegründet, das Konzerte, Jazz-Abende und Theater mit Diskussionsabenden anbietet. Seelmanns Methoden, den Blick für die Gegenseite zu öffnen und mit der Jugend statt über die Jugend zu sprechen, tragen zum Frieden bei. Bald schon organisieren die Gangs auf eigene Faust Bälle, Skikurse, Ausflüge ins Gebirge und Floßfahrten auf der Isar. Auf einer Mopedbahn tragen sie Wettbewerbe aus und liefern sich Tischtennisduelle in einer Halle, in der sie nach Herzenslust schreien dürfen.

Vor diesem Hintergrund fällt es schwer, die späteren Straßenschlachten in Schwabing als Nachhall der Halbstarken-Aktionen zu betrachten. Sowohl die Halbstarkenrandale der 50er Jahre, als auch die Schwabinger Krawalle von 1962 und die 68er-Bewegung sind drei unterschiedliche Phänomene. Ihnen ist eines gemeinsam: Jeder dieser Ausnahmezustände leistete einen Beitrag zum heutigen Motto der Stadt – leben und leben lassen.

50 Warum spielte der FC Bayern anfangs in Blau?

Die Roten waren anfangs blau! Was hätte es da für Derbys gegeben, hätte der FC Bayern diese Farbe beibehalten? Die Sechzger wären wohl zur besseren Unterscheidung in Grün-Gold, den Vereinsfarben des TSV 1860, aufgelaufen anstatt im Weiß-Blau der Fußballabteilung. Der Farben-Wandel beim FC Bayern hängt mit seiner geschichtlichen Entwicklung zusammen.

Vier Jahre nach der Gründung des „1. Münchner Fußball-Clubs von 1896" rufen begeisterte Fußballer im Jahr 1900 den FC Bayern ins Leben. Die Gründungsmitglieder hatten zuvor den MTV München von 1879 wegen Streitereien um den Beitritt zum Verband Süddeutscher Fußballvereine verlassen. Als neue Clubfarben bestimmen sie die bayerischen Landesfarben: Weiß und Blau. Aufgrund der vielen auswärtigen Spieler gilt der FC Bayern allerdings zunächst als „Club der Zuagroastn". Im fünften Vereinsjahr sucht der FC Bayern doch wieder Rückhalt bei einem größeren Verein und fusioniert 1906 mit dem Münchner Sport-Club (MSC). Die Fußballabteilung behält ihre Selbstständigkeit und eigene Verwaltung, übernimmt aber die Spielkleidung des MSC, nämlich rote Hosen und weiße Hemden ohne Rückennummern. Die Roten sind geboren.

Aufgrund des starken Zulaufs legt der Vorstand die Latte hoch. So schreiben die Vereinsstatuten anfangs eine elitäre Mitgliederauswahl vor. Doch zum Trainieren fahren die auserlesenen Spieler damals nicht ins vornehme Harlaching, sondern ins Künstlerviertel Schwabing. Bis zur Vereinigung mit dem MSC trifft sich der Kader auf einem Spielplatz an der Clemensstraße, wo der Kochherd- und Ofenfabrikant Friedrich Wamsler, dessen Söhne zu den Gründungsmitgliedern zählen, ein umzäuntes Grundstück zur Verfügung stellt. Während andere Vereine jedes Jahr bei der Stadt ein Gesuch einrichten müssen, an welchem Tag und zu welcher Stunde sie welchen Platz benutzen wollen, macht der Sponsor den Club damit unabhängig von der Platzzuweisung durch die Stadtverwaltung. Nach der Fusion verlagert der FC Bayern den Spielbetrieb auf den MSC-Platz an der Schwabinger Karl-Theodor-Straße, ehe der Verein an der Leopoldstraße auf Höhe

Internationales Fußballturnier 1914

Parzivalplatz den ersten Münchner Sport- und Fußballplatz mit überdachter Zuschauertribüne einrichtet.

Welche Faszination der Fußball schon damals ausübt, zeigt ein Schreiben an die Königliche Lokal-Schulkommission. Selbst auf halbwegs geeigneten Plätzen und Straßen seien Knaben mit dem Fußball unterwegs, berichtet der städtische Oberspielleiter. „Und fehlt der Ball, so tritt an seine Stelle ein aus Lumpen gefertigter Knäuel, ein kleiner Gummiball, ein runder Stein oder eine zerbrochene Flasche." Bald schon klagen Mütter in der Schule, dass ihre Buben nicht mehr nach Hause kämen und für nichts mehr zu gebrauchen seien. Auch Pädagogen sind besorgt, als sich auf Schulhöfen die Verletzungen fußballnarrischer Schüler häufen. Daraufhin verbietet das Innenministerium für Kultus- und Schulangelegenheiten 1912 das Fußballspielen an allen bayerischen Schulen.

Das kann jedoch das Anwachsen der Fußballbegeisterung zu einem Massenphänomen nicht beeinträchtigen. Auch die Beliebtheit der Roten, die seit 1925 als eigenständiger und eingetragener Verein auftreten, nimmt große Ausmaße an. Heute zählt kein anderer Verein in Deutschland so viele registrierte Anhänger wie der Rekordmeister. Fast 3.000 Fanclubs mit mehr als 160.000 Mitgliedern haben sich der Farbe Rot als Kennzeichen ihrer Leidenschaft verschrieben.

Personenregister

Ammann, Ellen 80f.
Anschütz, Hermann 19
Archangelos, Ordensvater 68
Aristoteles 40
Armansperg, Josef Ludwig von 64
Auracher, Spielzeugladenbesitzer 108f.
Balde, Jakob 110
Beckmann, Max 31
Bernauer, Agnes 59
Bethcke, Claudia 83
Borst, Bernhard 71, 73
Borst, Erna 73
Brando, Marlon 117
Brecht, Bert 110
Büche, Kinobesitzerfamilie 105
Comenius, Johann Amos 93
Cooper, Alice 66
Cornelius, Peter von 15
Cotton, Jerry 119
Curtis, Tony 66
Dietl, Helmut 106f.
Donnersberger, Joachim von 43
Eberle, Robert 19
Ernst, Herzog von Bayern 59
Exter, August 71
Fiedler, Walter 99

Filler, Ferdinand 36
Fischer, Helmut 106f.
Fischer, Theodor 71, 82f.
Flaucher, Johann 16
Frey, Joseph 32
Gabriel, Carl 104
Gärtner, Friedrich von 110
Gilbert, M. D. E. R. s. Montez, Lola
Glas, Therese 59
Gollir, Ainwich 87
Grauvogl, Manfred 117
Gruber, Anton 48
Gura, Eugen 12f.
Harras, Robert 16
Hippokrates 41
Hitler, Adolf 30f.
Homer 40
Johnson, Jack 29
Kaiser, Hugo 44
Kandinsky, Wassily 31
Karl Theodor, Kurfürst 9, 16f., 35
Karlstadt, Liesl 96ff.
Kaulbach, Wilhelm von 19
Klee, Paul 31
Klenze, Leo von 19, 110
Landsfeld, Gräfin s. Montez, Lola

Lechner, Johann Baptist   32
Leopoldine, Kurfürstin   17
Lindwurm, Josef von   56f.
Ludwig der Bayer, Kaiser   8
Ludwig der Kelheimer   58
Ludwig der Strenge   59
Ludwig I., König von Bayern   9, 15, 17, 19, 22, 32, 64, 90, 108, 114
Ludwig II., König von Bayern   79, 112, 115
Ludwig III., König von Bayern   35, 115
Luitpold, Prinzregent   35, 44, 115
Lumière, Gebrüder   104

Marc, Franz   31
Max Emanuel, Kurfürst   114
Max I. Joseph, König von Bayern   114f.
McBride, Rita   67
Miller, Helene s. Sedlmayr, Helene
Monaco Franze s. Fischer, Helmut
Montez, Lola   22, 108
Montgelas, Maximilian von   93f., 114

Neher, Bernhard von   15
Neidhart, Jörg   63

Otto, König von Griechenland   64f., 115

Passow, Beate   39
Plankl, Anton   104
Presley, Elvis   117
Pschorr, Georg   111
Pschorr, Joseph   110f.
Pschorr, Mathias   111

Reichenbach, Georg Friedrich von   110
Riemerschmid, Anton   48
Ringo Starr s. Starr, Ringo
Rischart, Max   87
Rosenkranz, Sebastian   63
Rottmann, Carl Anton Joseph   110
Royes, Gisela   97
Rumford, Graf   32, 34
Rupprecht, Kronprinz   115

Scharnagl, Karl   22, 83
Schmid, Wilhelm   90f.
Schumann, Heiner   88
Schwanthaler, Ludwig von   41
Sckell, Friedrich Ludwig von   32, 35
Sedlmayr, Helene   108f.
Seelmann, Kurt   118f.
Seidl, Gabriel von   35
Senefelder, Alois   110
Slater, Kelly   29
Spitzweg, Carl   110
Starr, Ringo   66
Stieler, Josef   108
Strasser, Walter   28f.
Strauss, Richard   13

Tax, Joseph   34
Therese, Königin von Bayern   108, 114f.
Thompson, Benjamin s. Rumford, Graf

Thukydides   40
Troost, Paul Ludwig   31

Ude, Christian   67

Valentin, Karl   96ff., 101ff., 106
Vogel, Hans-Jochen   47, 52, 79

Wagner, Richard   13, 112
Wamsler, Friedrich   120
Wandinger, Engelbert   102
Weizäcker, Andreas von   39
Wellano, Elisabeth s. Karlstadt, Liesl
Wengle, Bartholomäus   63
Werneck, Reinhard von   34
West, Mae   66f.
Wiggau, Steffen   63
Winterhalter, Karl   69
Wirrlein, Peter   61

Ziebland, Georg Friedrich von   114

*L*iteratur

- *A*rz, Martin: Isarvorstadt. München, 2008.
- Assél, Astrit / Huber, Christian: München und das Bier. München, 2009.
- *B*auer, Reinhard: Altstadt. München, 1994.
- Bauer, Reinhard: Schwabing. München, 1997.
- Bernstein, Martin / Görl, Wolfgang / Käppner, Joachim(Hrsg.): München – Die Stadtviertel in Geschichte und Gegenwart. München, 2011.
- Das Beste von Karl Valentin. München, 2011.
- Biller, Josef H. / Rasp, Hans-Peter: München – Kunst & Kultur. München, 2003.
- Bronnen, Barbara: Karl Valentin & Liesl Karlstadt. Berlin, 1998.
- *C*rescenzio, Daniela: Italienische Spaziergänge in München, 2009.
- *D*impfl, Monika (Textauswahl): Nebenbeschäftigung: Komikerin, München, 2002.
- Dollinger, Hans: Die Münchner Straßennamen. München, 1999.
- *E*ymold, Ursula / Dering, Florian: Bier- und Oktoberfestmuseum: München. München, 2007
- *F*eiler, Horst: Das Lehel. München, 2006.
- Festner, Katharina / Raabe, Christiane: Spaziergänge durch das München berühmter Frauen. Zürich, 2008.
- *G*ebele, Joseph: Das Schulwesen der königlichen Haupt- und Residenzstadt München 1896. Landshut, 1989.
- Geschichtswerkstatt Neuhausen (Hrsg.): Vom Rio zum Kolibri – Halbstark in Neuhausen. München, 2011.
- Görl, Wolfgang: Der Prinzregent, die Schöne und das Bier. Wien, 2005.
- *H*aus der Bayerischen Geschichte (Hrsg.): An jedem Eck a Gaudi – Karl Valentin, Liesl Karlstadt und die Volkssänger. Regensburg, 2001.
- Heufemann, Marcello: Der Englische Garten und seine Chronik, München, 2005.
- Heydenreuter, Reinhard: Kleine Münchner Stadtgeschichte. Regensburg, 2007.
- Historischer Verein von Oberbayern (Hrsg.): Obb. Archiv, Band 29. München, 1971.
- Hofer, Veronika / Ide-Schweikart, Marcella: Das Glockenbachviertel – Gründerzeit im Fluss, München, 2000.
- Huber, Brigitte (Hrsg.): Tagebuch der Stadt München. München, 2004.
- *K*äppner, Joachim u.a. (Hrsg.): München – Die Geschichte der Stadt. München, 2008.
- Kinder- und Jugendmuseum / Schul- und Kultusreferat / Gleichstellungsstelle der Landeshauptstadt München (Hrsg.): Münchner Rathaus Bilderbuch. München, 2000.
- Klimesch, Peter: Isarlust. München, 2011.
- König, Hannes (Hrsg.): G'spassige Leut´. München, 1977.
- Kommunalarchive im Landkreis Starnberg (Hrsg.): Weil der Mensch ´was lernen muss. Berg, 2010.
- Kopleck, Maik: München 1933-1945. Berlin, 2006.
- Kraft, Sybille: Helmut Fischer – Der unsterbliche Stenz. München, 2006.

- *Krauss-Meyl, Sylvia: Das Enfant Terrible des Königshauses - Maria Leopoldine. Regensburg, 1997.*
- *Lerch-Stumpf, Monika (Hrsg): Für ein Zehnerl ins Paradies. München, o.J.*
- *Liedtke, Rüdiger: 111 Orte in München, die man gesehen haben muss. Köln, 2011.*
- *Meier, Friederike / Perouansky, Serge / Stintzing, Jürgen: Das Westend. München, 2005.*
- *Müller-Rieger, Monika: Westend. München, 1995.*
- *Murr, Karl: Dissertation über Kaiser Ludwig den Bayern. o.O., o.J.*
- *Ottmann, Henning: Geschichte des politischen Denkens. Die Griechen – Von Platon bis zum Hellenismus. Stuttgart/Weimar, 2001.*
- *Rädlinger, Christine: Geschichte der Münchner Stadtbäche. München, 2004.*
- *Rall, Hans: Führer durch die Münchner Fürstengrüfte. München, o.J.*
- *Reister, Juliane: Brunnenkunst & Wasserspiele. München, 2008.*
- *Schulte, Michael: Karl Valentin. München, 1998.*
- *Schweiggert, Alfons: König Ludwig – Deine Treuen. St. Ottilien, 2011.*
- *Schweiggert, Alfons: Karl Valentin – Ich bin ja auch kein Mensch, ich bin ein Bayer. Husum, 2011.*
- *Stadtarchiv München (Hrsg.): Fußball in München. München, 2006.*
- *Stankiewitz, Karl: Schwarze Tage. München, 2006.*
- *Weyerer, Benedikt: „München zu Fuß". Hamburg, 1988.*
- *Wigand, Achim: München. Erlangen, 2008.*
- *Wilhelm, Hermann: Die Münchner Bohème. München, 1993.*
- *Winterstein, Axel: Borstei – Bernhard Borst – Leben für eine Idee. München, 2005.*
- *Zuber, Elfi: Hackenviertel. München, 1993.*

Bildnachweis

- *Atelier für figürliche Plastik (www.figurenwerk.com) 96 • Bayerische Verwaltung der staatlichen Schlösser, Gärten und Seen (www.schloesser.bayern.de) 109 • Jürgen Betten 16, 34, 60, 67, 90, 107 • Heinz Gebhardt (www.muenchenfoto.de) 113 • Klaus Haag 50 • Münchner Stadtmuseum, Valentin-Karlstadt-Musäum 99 • Neuhauser Geschichtswerkstatt 116, 118f. • Stadtarchiv München, Historisches Bildarchiv 57 (CHRONO39=11885), 92-95 (Sammlung Rudi Dix), 101 (Depositum Böheim), 121 • Jens Weber (www.jensweber.net) 18 • Wittelsbacher Ausgleichsfonds München (Foto: Sabine Schrott) 114 • Alle anderen Fotos: Sabine Schrott*